Katori Takanobu 香取貴信

新版

社会人として大切なことはみんなディズニーランドで教わった

そうか、「働くこと」「教えること」
「本当のサービス」ってこういうことなんだ！

あさ出版

はじめに

みなさん、こんにちは!! 香取貴信です。どうぞよろしく～!!

このセリフから始まった本書の前身、『社会人として大切なことはみんなディズニーランドで教わった』（こう書房刊）が発行されたのは、2002年のことです。

たくさんの方から「おもしろかった」「すごく共感した」「感動して涙が止まらなかった」などといった感想をいただき、恐縮しまくっています。

あるホテルでは、課題図書として、内定者は全員、この本を読んでレポートを書いてくれたそうです。「社員全員が香取さんの本を読んでいるんですよ」と声をかけていただいたときに感じた心の熱は今も忘れられません。

本に感動したからと「大切な人に会うときは、いつも買ってプレゼントしてあげているのよ。だから、たくさん売れているのは私のお陰なんだからね（笑）」と、冗談交じりに言いながら、ボロボロで付箋だらけの本を差し出し、「だから、ちゃんとサインしてちょうだい」なんて言われたときは、うれしくてたまらなくなりました。

中でも印象に残っているのは、ディズニーランドで働いていた当時の上司から夜中に突然電話をいただいたときのことです。

「香取、今、おまえの携帯に写真を送ったから見ろ!!」

「えっ、何ですか、突然」

「とにかく見たら電話しろよ」

電話を切るなり、ピロリン♪　と送られてきたのは、ジャングルクルーズの船長をしている私の写真!!　慌てて先輩に電話をかけ直すと、すぐに出てくれました。

「これ、ジャングルクルーズのときの俺の写真じゃないですか!!」

「そうなんだよ～。驚くなよ、香取。

じつはな、この写真のときに乗っていた子が、今年の新入社員で入ってきたんだよ。その子が、俺にこの写真を見せて『この人、どこにいるんですか』って聞いてきたから、『もう卒業して、ディズニーランドで働いていたときのことを本にしたり、全国で講演したりして活躍しているよ』って答えたら、今度は本の名前を聞いてくるから、教えたんだよ。そしたら、その彼女、小学校6年生のときにおまえの本読んでたんだって。

香取のボートに小さい頃に乗って、『私もここで働きたい』って夢を持って、それから香取の本に出逢ってますます夢が大きくなって、実際、新入社員で入ってきたんだぞ。

スゲェじゃねえか、おまえ!!」

自分がこんなふうに誰かに影響を与えていたなんて……。

先輩との電話を切ってしばらくの間、私は送られてきた写真を見て放心状態になってしまいました。


また、つい最近もこの本に出会って人生が変わった、という人にお会いしました。

その方は、10年前、人生に失望して自ら人生を終わりにしようと思っていたときに、たまたま通りかかった本屋さんでこの本に出逢い、「これを書いた香取さんはいったいどんな人で、今はどんなふうになっているんだろう」と興味が湧き、どうせ人生を終わりにするなら、この人に会ってからにしようと、ネットを使ったりして調べてくださったそうです。

でも、一般の人が参加できるようなオープン形式のセミナー等がなく、いろいろ探して出会ったのが、私の仲良しの加賀屋くんが登壇する、これまた仲良しの大嶋啓介くんがやっている「人間力大学」(会員制の講演会)でした。

「香取さんにちょっとでも近づければいいと思って通い始めたら、人生観が180度変わって、『人生を自ら終わらせるなんてやめよう。そして、いつか香取さんに会って、この話をしよう』って思うようになったんです。そして今日、本と出会ってから10年経って叶ったんです!!」

この話に、私は驚き、深く考えさせられました。

私がディズニーランドで体験したエピソードが誰かの人生を変えている。それも、命にまで影響を与えていたなんて……。

ディズニーランドで働いていた頃の私は、自分からこうしたい、こうなりたいと思って始めたことが波乗り以外なく、すべてまわりの人から言われたことをやっていただけでした。そんな自分が、誰かの役に立てていることが素直にうれしく感じました。

もし、タイムマシーンがあったら、あのときの自分に「今は叱られてムカつくかもしれないけれど、未来で変わるから腐らずいこうぜ」って声をかけてあげたいです（笑）

現在でこそ、この本がきっかけとなり、日本全国（たま〜に海外）で講演やセミナーなんかで講師として出番をいただき、教える側の立場をやらせていただいている私ですが、かつては教えてもらう側の人間でしたし、もっといえば、教えてもらう側でも、挨拶ひとつきちんとできない、挨拶の意味すら知らない、〝できそこない〟でした（笑）

そんな、できそこないの教わる側で書いたのがこの本の前身です。

刊行された当時は、教える側の目線で書かれたものが主流で、教わる側の目線で書かれたことがめずらしかったためか、77回もの増刷を重ね、20万人もの方に読んでいただくことができました。

本を読んでくださった方、本を売ってくださった書店さん、あらためて、ありがとうございます。本当に感謝しかありません。


またこの本は、私にとっても大きな変化をもたらしました。

好きなことを仕事にできたら幸せで、それ以外は……なんて考えていた私に、もちろん好きなことを仕事にできれば最幸だけど、選んだいまの仕事を好きになる幸せもあると、教えてくれたのです。


本が出てから17年が経ち、今や様々なディズニーランド本が刊行されています。

ところが、最近、セミナー等で「この本が読みたいのに買うことができない。どうにかできないか」と、聞かれることが増えてきました。

そんななか、この本をリニューアルして、再度、世に出してみませんかと、『ディズニーランドであった心温まる物語』を出している、あさ出版の編集さんから声がかかったのです。

「こんなに長く愛され読み続けてもらえる本はありませんよ。私もこの本が大好きですし!!　もっともっと多くの人に届けましょう」

そのお言葉に甘えて、多少の加筆をし、「新版」としてリニューアル刊行をさせていただくことになりました。


私が働いていたのは、東京ディズニーランドのオープン間もない混乱期でしたので、当然、現在とは時代背景も働き方も違い、表面上の違和感をお持ちになる方もいるかもしれませんが、そこは、大目に見てやってください（汗）。きっと現在は、あのときとくらべると数段レベルアップしています。

ただ、仕事の根底にある本質のところは現在も変わらず生き続けているはずです。

その本質「働くこと・教えること・本当のサービス」を感じていただけたら最幸です!!

香取貴信

２０１９年５月
従業員満足向上コンサルタント　有限会社 香取感動マネジメント

初版時まえがき

「夢と魔法の王国」は大切なことを教えてくれる「魔法の学校」

みなさん、こんにちは!! 香取貴信です。どうぞよろしく〜!!

思い起こすと、東京ディズニーランドでアルバイトを始めたのが1987年。私にとっては、東京ディズニーランドがいまの自分を育ててくれたといっても過言ではありません。というのも、むかしの私はただのヤンキー少年……。そんな私が本を書くなんて、学生時代の担任の先生に言っても、「うそ〜。また、なに言ってんの!!」って、絶対信じてもらえないでしょう(恥)。

東京ディズニーランドで働くなかで私は、「働くってどんなことか」や「教育」の大切さ、そして「いま目の前にいるゲスト(お客さま)のことをいつも第1に考えるサービス」とはなにかを、ここで知りあった愛情あふれる(ちょっと怖い)上司や先輩、同僚たち、そして数多くのゲストに教わりました。そのなかには、身も凍るような恐怖体験(笑)もあれば、ユーモアあふれる発想でのコーチもあり、まさに目からウロコの体験ばかり。

そうしたさまざまな体験を通して、ヤンキー少年だった私が社会人として成長させてもらい、さらには企業の現場教育などのお手伝いをさせてもらうまでになりました。

東京ディズニーランドは、ゲストにとって、永遠に完成しない「夢と魔法の王国」です。

そして、その王国で働くことになった私にとっても、ふつうの学校では教えない大切なことを教えてくれる「魔法の学校」だったのです。

そんな私の失敗体験などが多くの人たちの役に立てばと思い、メールマガジン「テーマパークが私の学校」を発行し始め、今回、本として出版することになりました。

この本が、部下を抱えていたり、これからリーダーになろうとしておられる方、「働くってどういうことだろう？」と悩んでいたりする方、お子さんのいるお父さんやお母さんなどに、ちょっとでもお役に立てたらとてもうれしいです。

最後になりましたが、まったく文章の苦手な私の尻をたたき、いつものように最初の読者兼校正係をしてくれた上司の斉藤さん、いつもたくさんの励ましをくれたメールマガジンの読者のみなさん、本当にありがとうございました。

そして、私をいままで育ててくれた方々に、この本を捧げます。

なお、ここに書かれていることはどれも実話です（一部、ちょっと大げさに書いているかもしれませんが）。

また、登場する人物の名前はすべて仮名です（かなり似ているけど）。

第1章 「働く」って、こういうことなんだ

第2章 「教える」って、どういうことなんだろう

第3章 「本当のサービス」って、なんだろう

第4章 テーマパークはいろいろなことを教えてくれる

本書は、二〇〇二年に刊行された『社会人として大切なことはみんなディズニーランドで教わった』（こう書房）に新規書き下ろし、修正を行ない、新版として作成したものです。

プロローグ

迷ったらなにで判断するのか

仕事をしていると、現場であれ、経営であれ、判断に迷うことってありませんか?

サービス業であれば、お客さまを大切にすべく、丁寧におもてなしをしたいけど、そうすると全体的な効率が落ちてしまい、結果として、ほかのお客さまをお待たせしてしまうことになる。だからといって、反対のことをしたら一人ひとりを大切におもてなしできなくなってしまう……。

いったい、どうするのが正解なんだろう……とか。

経営者の立場からすれば、お客さまが喜んでくれて売上が上がるのであれば迷わずやるし、お客さまも喜ばず、売上も上がらないのであればやらない、ということはすぐに判断できるものの、お客さまは喜ぶけど売上に直結するのに時間がかかる、お客さまは喜ばないけれど、すぐに売上に直結する。そんなとき、どっちを選んだらいいか迷うことでしょう。

一つひとつの状況に対して、「この場合はこうして、その場合はこうする」など、それぞれ対応していたら、時間もかかりますし、対策の数も多くなり大変です。

創業者ひとりでやっているなら、その人の判断で行なえばいいため、迷わずにすみ、ブレも生まれませんが、従業員がいる場合は、そうもいきません。
みんながみんな創業者や経営トップと同じ考え方で、同じ判断基準を持って動くことができる、そんな魔法があったらいいなあって思いませんか?

じつは、その魔法が東京ディズニーランドにはあるんです。

現在、東京ディズニーリゾートには、ランドとシーの2つのパークがあります。合わせて従業員の数は約2万人。その約9割がアルバイトなので、全員が同じ理念や想い(なんのために)で動くために、ディズニーの行動規準「4つの鍵」を入社初日に教わります。

- **Safety(安全)**
- **Courtesy(礼儀正しさ、親しみやすさ)**
- **Show(ショー)**
- **Efficiency(効率)**

これらは、入社初日のオリエンテーションで学び、さらに現場のOJTでもトレーナーから教わり、最後に行なうチェックリストで確認し、その後のフォローアップでは何度も何度も出てきます。

アルバイトであっても、繰り返し講義のなかで刷り込まれるため、判断に迷ったときにはこの４つを思い出し行動できるわけです。ただし、これだけでゲストの想いに寄り添うサービスを実現できるわけではなく、あくまでも間違えないための方法のひとつというだけです。それでも、この行動規準があることで、様々なシーンで悩まず最低限の対応ができています。

この行動規準に、創業者の想いである理念、なんのためにディズニーランドがあるのかなど、目的の部分が加わることで、より効果を上げる魔法に変わるのです。


東京ディズニーランドはディズニー社の直営ではなくて、オリエンタルランド社という日本の会社が運営しています。だから私たちは、ディズニー社の従業員ではなく、運営会社の従業員ですが、当然、この会社にも経営理念という〝なんのために〟が存在するわけです。ただ、私がお世話になっていた8年間、一度もこの経営理念は聞いたことがなかったと思います……。

僕が聞いていなかっただけかもですが（笑）

ディズニー流　4つの行動規準

行動規準「The Four Keys ～4つの鍵～」

1. Safety（安全）

ゲストがケガをしたり、事故にあったりしないよう、安全性はもっとも優先される規準です。

たとえば、お目当てのアトラクションや、大好きなキャラクターを見つけると、興奮のあまり、ゲストが走り出すことがあります。このとき、足もとに何かあっても気づきません。

私たちキャストは、ゲストの目になり代わって、彼らの安全を確保しなくてはなりません。当然、ゲストの安全を守る私たち自身の安全も守ります。

2. Courtesy（礼儀正しさ、親しみやすさ）

すべてのゲストをＶＩＰとし、心を込めたおもてなしをすることです。

私たちキャストは常にゲストの気持ちに立った礼儀正しい対応と、親しみを込めたおもてなしを実践しなくてはなりません。

3. Show（ショー）

パーク内は青空を背景にした巨大なステージで、あらゆるものがテーマに合ったショーを演じています。

私たちキャストもショーの一員です。身だしなみを整えるのも、ショーの仕事のひとつです。

4. Efficiency（効率）

ゲストは長い待ち時間を嫌います。

私たちキャストはひとつのチームとして、安全・礼儀正しさ・ショーを心がけて行動することで効率が自然と上がり、お客さまをお待たせせずにすみます。

今となってはわかりませんが、キャストに、「あなたの会社、つまりオリエンタルランドの経営理念はなんですか?」って聞いても、はっきり答えられるキャストは少ないでしょう。でも、「ディズニーランドをつくったのは誰ですか?」って聞かれたら、きっと2万人の従業員全員が「〝ウォルト・ディズニー〟です」って答えるだろうし、「そのウォルトさんはなんでディズニーランドをつくったんですか?」と、質問したら、おそらく聞かれたキャスト全員が、次のようなことを得意気に、そして、うれしそうに答えてくれると思います。

「それはですねぇ。

昔、ウォルトがお休みの日に、娘を連れて遊園地に行ったそうなんです。

娘がメリーゴーランドに乗って楽しそうにしている姿を、ウォルトはメリーゴーランドの前のベンチにただ座って、ピーナッツをかじりながら、娘が通るたびに手を振り眺めていたそうです。『どうして、大人も一緒に乗って楽しめないのかなあ……』と、ウォルトは首をかしげたそうです。

一緒に乗れたらもっと楽しいのに……。

遊園地は本来、楽しい場所のはずなのに、ゴミ箱からはゴミがあふれてて、トイレは汚い……。

もっと大人も子どもも一緒に楽しめて、気持ちよく過ごせる、そんな遊園地を誰かつくってくれたらいいのになあ……。

『あ、そうか。誰もつくらないなら僕がつくればいいんだ!!』

そう考えてつくったのが、ディズニーランドなんです」

創業者の創業当時の想いを、創業から何十年経った今でもアルバイトの全員が答えられる。それぐらいわかりやすいエピソードで、理念や想いを学ぶのです。だから当時のヤンキー上がりだった僕みたいなアルバイトでも、〝なんのために〟を理解し行動ができたんだと思います。もう、ウォルトのファン、信者ですね（笑）。リゾートで働く2万人の一人ひとりが創業者のウォルト・ディズニーの分身になれるのも当然でしょう。

そして、僕がいちばん驚いたのは、旅行で行ったアメリカのディズニーランドでキャストと話したときでした。

「現場で究極、判断に迷ったときには、何を基準に判断しているんですか?」

「う〜ん……、もしうしろにウォルト・ディズニーが立っていたら、自分のすることが、ウォルトにグッジョブって笑顔で言ってもらえるかどうかかな!!」

じつはこれ、僕も同じだったんですっ!!

別に、そう考えろなんて教わったわけじゃないんです。でも、まったく同じ答えだったことに、鳥肌が立ったのをいまでも覚えています。その後もほかの国のディズニーキャストに同じ質問を投げかけたのですが、みんな同じ答えだったんです。

創業者はこの世にいなくても、その想い〝スピリッツ〟がいまにも伝わる。その仕組みが、ディズニーのスゴさなのです。

しかし、これはディズニーだからできたことではないと思います。みなさんの会社でも同じことができると確信しています。創業当時の創業者の想い〝なんのために〟を伝承していけたらいいですよね。

さてそれでは、ヤンキー上がりの16歳の私が、どのようにしてディズニースピリッツを身につけることができたのか、そのストーリーを、当時の僕の目線からお楽しみください。

第
1
章

「働く」って、こういうことなんだ

1

ディズニーランドで働き始めたのはほんの軽い気持ちから

彼女と一緒に写真を撮ってあげられるかも

私がはじめてテーマパークに行ったのは、小学校6年生のときでした。そう、千葉県舞浜にある巨大テーマパーク「東京ディズニーランド」です。

まだ、純粋だった私は、見るものすべてに感動したのを覚えています。まさか数年後にここで働くとも知らずに……。

その後、中学生となり、高校生になり、ヤンキーになり（笑）、何度となく東京ディズニーランドには足を運んでいました。だからといって、特別東京ディズニーランドが好きだったわけではありません。むしろ、あまり好きではありませんでした。なぜ何度も足を運んでいたのかというと、つきあっていた彼女の影響です。ご存じの方もいらっしゃるかもしれませんが、だいたいヤンキーの女の子って、ディズニーのキャラクターが大好きなんですよ。ほら、あの「ねずみ」のキャラクター。

当時の私は、人ごみも大嫌いだし、並ぶのも大嫌い。だから、行くのは学校をサボった平日でした。

そんなある日、事件が起きます。

私が高校1年生、やっと16歳になったときのこと。当時つきあっていた彼女と東京ディズニーランドで遊んでいるときに、彼女がこう言ったのです。

「私が好きなミッキーマウスはなかなか出てこない。一緒に写真撮りたいのに……」

16歳といえば、立派にアルバイトが許される年齢。小遣い稼ぎにアルバイトでも始めようかと情報誌を見ていると、「パークの住人募集」という文字が飛び込んできました。

「東京ディズニーランドで働けば、彼女が好きなキャラクターに俺がなって、一緒に写真を撮ってあげられるかもしれない……」

いま思うと、安易な考えで、私は東京ディズニーランドに応募したのです。

説明もろくに聞かず、すでに頭のなかにはパレードで踊る自分が

面接当日。

私は、いまなら絶対に受からなかったであろう格好で面接会場に向かいました。

面接官やそこにいるスタッフは全員、左の胸に「ネームタグ（名札）」をつけ、目が合うと、どう見たって、いかつい少年である私に微笑みかけてきました。正直言って、「気持ち悪いな……」という印象でした。

面接官からの質問は、「親の承認はもらっていますか?」「学校はアルバイトをしても大丈夫ですか?」「もし受かったら、頭髪を会社の規定にすることはできますか?」など。

いま思うと非常に厳しい条件ですが、はじめてアルバイトをする私は、これが働くことの前提条件なのだと思い、納得していました。

高校生のアルバイトが選べる職種はひとつ、「パレードゲストコントロール」という仕事でした。へんちくりんな名前だなと思いながらも、パレードは知っていたので、頭のなかではすでに、彼女の大好きなキャラクターになった私がパレードで踊っていました。

恥ずかしいのですが、あとの説明は覚えていません。

数日後、連絡が入り、見事採用が決定。電話口で担当者から、

「アルバイトの初日から3日間は教育期間となります。できればスーツか学生服でお越しください」

と言われました。いくらなんでも私のヤンキー仕様の学生服はやばいだろうと思い、親からお金を借りて（まだ返していない。母ちゃんゴメン）スーツを購入し、いざ初出勤へ。

いかつい少年と目を合わせ「さん」づけで呼んでくれるなんて

研修会場に着くと、人事部の方々が一人ひとりの名前を呼んで、研修ルームへ案内してくれました。ふだん、年上の人からは「おい!!」や「おまえ!!」としか呼ばれない私を、若い女性スタッフが、

「こんにちは!!　香取さんですね。ようこそ!!　それではこちらへどうぞ」

とエスコートしてくれるのです。私は恥ずかしさのあまり、相手の顔を見られないまま、

下を向きつつ研修会場へ。

「香取さん」などと「さん」づけで呼ばれることなんて後輩以外からはめったになく、ましてや初対面で私と目を合わせてくれる人なんて、ほとんどいませんでしたから、なんだか恥ずかしかったのです。ただ、同時に心地よさも感じていました。


最初の研修は、自己紹介ならぬ他己紹介でした。他己紹介とは、ペアを組んで、みんなの前でお互いのペアを紹介し合うことです。私のペアは大学生の人でした。当時は見知らぬ人の前で話すことなんかなく、全然うまくいかなかったのを覚えています。

それが終わると全員で、パークの歴史などを男性インストラクターに教わりました。講義を聞きながら、私は机に顔をつけたまま居眠り。気がつくと昼食タイムでした。

感情的にではなく「ダメなものはダメ」と注意されたのははじめてだった

私以外は、他己紹介などで仲良くなった人たちと食堂へ。ひとり取り残された私も食堂へ行ったのですが、食事代は当たり前ですが自分持ち……。

しかし、高校生ですから、昼食といえば給食や弁当が当たり前、昼食代なんて持っていません。「まっいいか」と、外に出て缶ジュースを飲みながらタバコを吸って時間をつぶすことにしました。

道路沿いに腰をかけタバコを吸っていると、今朝エスコートしてくれた女性スタッフと男性インストラクターが通りかかりました。2人が私に気づき、「お昼ご飯は食べないの？」と聞いてきます。お金を持っていないことが恥ずかしかったので、「腹減ってないんで」と返事をすると、女性スタッフが手に持っていた菓子パンを差し出し、こう言ったのです。

「よかったら食べて。いま、お腹がすいていなくてもあとで減るかもしれないから」

何度も断わったのですが、結局、菓子パンを受け取って食べ始めました。

すると、男性インストラクターが私の隣に腰かけ、話しかけてきました。

「香取さんだったよね。自宅はどこなの？　学校は？　アルバイトははじめて？」

いろいろ話しているうちに、横に座って熱心に話を聞いてくれる男性インストラクターの姿が、なんだかとても親しく思えてきたのを覚えています。

しかし最後に、その男性インストラクターは、私の目を見て言いました。

「香取さんは、とてもユニークな人だね。きっと、このパークにふさわしい住人になれるよ。ひとつ、僕からアドバイスをするとすれば、いま吸っているその〝タバコ〟をやめなさい。社会にはルールがあるんだよ。そのルールはここでも一緒。それが守れれば、きっといいスタッフになるよ、絶対にね」（自分に子どもができたいま、猛省しています）

私にとって、タバコを吸うことをきちんと注意されたのは、このときがはじめてだと思います。それも、感情的にではなく、好意的に注意されたのです。しかも、当時のいかつい私と目線を合わせて。

はっきりいって、衝撃でした。怒るでもなく、怒鳴りつけるのでもなく、面と向かって、ダメなものはダメと教わったのです。

午後の研修は、居眠りもせず前向きに受けることができました。

これが、私が東京ディズニーランドで働くことになった初日の出来事でした。

2 「怒る」のではなく「叱る」ということ

新人を引き連れて大満足だった日の終礼で

私が高校2年生のときのお話です。

アルバイトを始めてようやく1年が経過し、ちょうど仕事にも慣れてきた頃、学校の事情などで辞めるスタッフも多かったことから、所属していた部署のなかでは比較的スタッフ歴の長い私は「お山の大将」的な存在になっていました。

そのときの責任者は、私の師匠で、楽しいけど怖い町丸さんと、とてもやさしい女性の宮外さんの2人でした。

現場では、夏のピークに向けて、およそ1か月前から新規スタッフが採用されます。

採用されたスタッフは、どこの部署であろうとも、全員参加の導入研修後、現場トレーニングを受けます。

現場トレーニングは3日間、責任者が新人に付き添い、マンツーマンで行なわれます。数が多い場合は、スタッフ歴の長いスタッフが新人をフォローしていくのが決まりです。

当然、私にも新人がつきます。お調子者の私は、自慢げに仕事を教え（先輩面して偉そうに……）、新人を子分のように引き連れ大満足。その日はとてもいい気分でした。

現場から帰ってくると、全員でのあとかたづけの最後に、責任者とスタッフたちによる終礼が行なわれます。そこで話されるのは、本日の反省や連絡事項、たまにお誉めの言葉などなど……。

とくに新人が多く入ってくるこの時期の終礼は、必ず最後に、恒例の新人による自己紹介があります。

その日も、私が子分のようにしていた新人スタッフを含め、10人が前に出て、自分の名前や学校、そして好きな花火（ちょうど終礼の時間がパークの花火の時間と重なるため、おもしろがって好きな花火を聞くのです）などを、ひとりずつ話していきました。

私たちベテランスタッフは、列のいちばんうしろに陣取って、彼らの自己紹介を聞いていました。

いきなりうしろから回し蹴り!! マジな目を見て動くこともできず

最初の何人かは興味を持って話を聞いていた私ですが、途中で飽きてしまったため、隣のスタッフにちょっかいを出したり、自己紹介に茶々を入れたりして、楽しんでいました。だって、その場には厳しい責任者の町丸さんがいませんでしたから……。

と、いきなりうしろから、思いっきり回し蹴りが飛んできたのです。

私はそのまま地面に転がり、振り向くと町丸さんが鬼の形相で立っています。

いつもなら「いてぇーな、この野郎!!」と威勢よく突っかかるはずの私でしたが、なにもできず、そのまま町丸さんに胸ぐらをつかまれ、呆然。

なぜ、なにもできなかったのか?

町丸さんは、マジだったからです。

「てめぇー、自分は偉いから、新人がしゃべっていても聞かねーでいいのか! はじめて大勢の前で話す人間の気持ち考えろ!!」

町丸さんの目は真剣そのもの。そこまでマジになっている人と向かい合ったのは、はじめてです。

「このままではやばい。新人スタッフも見ているし、まわりのみんなも見ている。このまま反撃しなかったら、いままでのようにお山の大将でいられなくなる。はやく反撃しないと……」

そう、心のなかでは思うものの、身体が一向に動きません。いま考えれば、町丸さんはきっと、そんな私の間違ったベテラン意識を正そうとしていたのかもしれません。

この状態のまま終礼は終了。そこに、町丸さんからトドメのひと言が。

「新人スタッフの気持ちも考えられないようなやつは、もう来なくていい。さっさと帰れ‼」

いつもなら「ふざけんじゃねぇよ。ハゲ‼」とかなんとか負け惜しみを言いながら帰るところですが、その日はなにも言えず、ただただ下を向いて、ひとりでとぼとぼ帰りました。あの日の帰り道のことは、いまでも覚えています。

翌日、出勤してポジション表を見ると、私の名前の横に「おまえは一生プラグだ」と、町丸さんのハンコ付きで書かれていました。

当時、私が行なっていたのはキャプテン（スタッフのリーダー的ポジション）というポジションで、指定された範囲を巡回しながらまとめていく仕事でした。しかし、町丸さんから指示されたプラグというポジションは、決められた位置からは絶対に動いてはいけない仕事です。

きっと町丸さんは、私がひとつのところにじっとしていられないのを、知っていたのでしょう。

また、新人スタッフの気持ちを考えろという意味もあったのだと思います。

その日から2か月間、ほんとに毎日、同じポジションでした（つらかったな～）。

本気で相手を正し、答えを出すまで終わらない

いま振り返ってみると、それまで「怒られる」ことは何度となくありましたが、徹底的に「叱られる」という経験をしたのは、これがはじめてでした。

感情にまかせて「怒られる」のには慣れています。そんなときは、相手の感情がおさまるまで、黙って下を向いていればすみます。

でも「叱る」は、ちょっと違います。たぶん、相手と同じ目線で、本気で相手を正していき、相手が答えを出すまで終わらない、そういうことでしょう。

この事件で徹底的に「叱られる」ことがなければ、私はずっと「お山の大将」で、本当の意味でのベテランスタッフにはなれなかったでしょう。本気で叱られたから、本当の意味でのベテランスタッフになれたのだと思います。

余談ですが、私の悪しき態度は責任者のノート（その日のセクション責任者が書く業務報告書のようなもの）にしっかり記されました。さらに、私をプラグポジションに配置し続けること、その付近のポジションに必ず新人スタッフを配置してフォローをさせ、本当の意味でのベテランになるまでポジションは変えないように、と書かれていました。

3 ミーティングとは話し合いでなにかを決めること 評論家は要らないんだ

シーズンに合わせて行なわれるキャンペーン

私が働いていた当時、東京ディズニーランドでは、部署ごとに、ゲストの多いシーズンに合わせてキャンペーンが行なわれていました。

キャンペーンは、ディズニーランドの行動規準でもある「4つの鍵（17ページ参照）」をテーマにし、どんなに混雑していても、ゲストがパークで安全に楽しむことができ、サービスの品質を損なわないものであることが条件です。

具体的には、キャンペーンが始まる2か月ぐらい前から、キャンペーンミーティングが開かれ、各セクションの責任者と、責任者によって選出されたキャンペーンリーダーが中心となり、所属しているセクションに合うキャンペーンを考えます。

そしてそれは、私が高校3年生になった年の夏のキャンペーンでの出来事でした。

一緒に内容を考えようと言われても……

私が所属していたセクションのスタッフのほとんどが高校生なので、キャンペーンリーダーは、在籍しているセクションは、セクション責任者の生重さんと宮外さんでした。

夏のキャンペーンの開催が発表されたとき、私は正直「いろいろなキャンペーンを経験してきたけど、キャンペーンをやったからって、なにかが変わるもんでもないしなあ〜」的な発想でした。

数日後、私を含む４人のスタッフがキャンペーンリーダーの生重さんに呼ばれました。

「今度の夏のキャンペーンは、君たち3年生にとって高校最後の夏になるから、一緒に内容を考えてほしいんだよ。

……（略）……

ということで、香取は『安全』、鉄也は『礼儀正しさ（親しみやすさ）』、明日香は『ショー』、不二子は『効率』がテーマね。来週までに考えてきてね」

鉄也、明日香、不二子は、学校は違いましたが、私と同じ高校3年生。3人は、私より1年ほどあとに入ってきたものの、リーダーシップもあり、仕事ができるメンバーでした。

しかし、考えてこいと言われても、なかなか考えられるものではありません。

そこで、仲のよいほかのスタッフも交えて考えてみることにしたのですが、高校生の私たちが集まって一緒に考えようというのは、やはりムリがあります。すぐに遊んでしまって、結局、なにも決まらないまま……。

結論は、「集まっても仕方がないから、ひとりで考えよう」でした（惨敗）。

ひとりになって次の勤務日まで考えてはみたものの、なかなかよい案が浮かびません。だって私のテーマは「安全」ですよ!! ふだん使わない頭をフル稼働して考えたことといえば、思いつかなかったことの理由だけ……。

そんなこんなで、結局なにも案のないまま、勤務の日がやってきてしまいました。

いつもどおり勤務が終了したところで、もうひとりのキャンペーンリーダー、宮外さんが私たちを集めます。

「どう、みんな!! 今回のキャンペーンの内容、考えてきてくれた?」（宮外さん）

「ハイ!!」（私を除いたみんなの返事）

「それじゃあ、ちょっとミーティングしましょう」（宮外さん）

（一同、事務所へ移動）

「じゃあ、考えてきたものを発表してみて‼　誰からでもいいよ」（宮外さん）

最初に発表したのは、不二子でした。

「テーマが『効率』だから、ロープダウン（パレード終了時に機材をかたづけること）の練習項目をつくって、各自その項目をキャンペーン期間中にちょっとはやく来て練習するっていうのはどう？」（不二子）

「練習することで、なにの効率を高めるの？」（宮外さん）

「はい。ロープダウンがはやくできれば、ゲストがほかの施設を楽しむ時間が増えるでしょ。だから効率につながるかなって思って……」（不二子）

「でもよ、そんなの何秒かしか変わんないじゃん。それじゃあ、意味ねーよ」（私）

「でも、その何秒かで、クローズ間際にアトラクションにもうひとつ乗れるゲストが増えるかもね」（宮外さん）

「じゃあ次の人」（宮外さん）

「私はテーマが『ショー』だったから、ゲストもスタッフも一緒にショーを楽しむってことで、手拍子を全員でやる。それと、パレード前のPRをよくするために、毎回朝礼で誰かがPRを前に出てやるっていうのはどう?」（明日香）

「毎回PRやるっていっても、それで全員がうまくなるわけねーじゃん」（私）

「そうかな。人のPRを聞いてみるのも勉強になるでしょうね。それに、新人スタッフのお手本にもなるしね」（宮外さん）

「じゃあ次は?」（宮外さん）

「はい。僕はテーマが『礼儀正しさ（親しみやすさ）』だったから、ゲストに対して、よく来てくれましたってことで、握手したり、写真をたくさん撮ってあげたりっていうのはどうかなと考えました」（鉄也）

「おまえよ、握手ってどうやってすんだよ。気持ち悪がられるよ!!」（私）

「写真を撮ってあげるのはいいね。握手も求められたらうれしいかも」（宮外さん）

「では最後に、香取さんの案を聞きましょう」（宮外さん）

「えっ、俺ですか?……」（私）

必要なのは前向きに考えて「行動できる」チームなんだよ

ついに、全然なにも考えてこなかった私の番がやってきてしまいました。

「じつは……（全員の目が怖い）」（私）

「おまえ、いままでさんざん人が考えてきた案にいちゃもんつけといて、考えてねーとか言わねーだろうな？」（鉄也）

「バーカ、ちゃんと考えてきてるって……」（私）

「じゃあ、はやく言えよ」（鉄也）

「だから……、安全を守ろう!!　だよ」（私）

「……はあ？」（一同）

「安全を、守ろう!!」（私）

「具体的に、なにやるんだよ」（鉄也）

「それは、これから考えんだよ」（私）

「おまえな……」（鉄也）

「はい、ケンカしない。香取さんは、具体的にどうやったら安全が守れると思うのか、私と一緒に考えましょう」（宮外さん）

宮外さんはそう言って、ほかのメンバーを帰してくれました。そして2人になると、やさしく教えてくれました。

「香取くん、ミーティングとは話し合いをして、なにかを決めることなんだよ」

宮外さんが続けます。


「さっきのミーティングでの香取くんは、ふだんと違ったよね?」

「なにがですか?」

「うーん。なんとなく、自分の思うようにならないから、ほかの人の意見をつぶそうとしていたように見えたの。どう、そうじゃなかったかな?」

そのとおりでした。

私は、自分がなにも考えてこなかったことから、無意識のうちに、人の意見をつぶして、結局自分が一番だということを強引なまでに示そうとしていたのです。

「生重さんが言っていたよね。高校生最後のキャンペーンだからって。本当なら私たちがキャンペーン内容を決めて、それをみんながやるのでもOKなんだけど、それじゃあ、あまり達成感を得られないだろうって。だから、みんなにも考えてもらったんだよ」

「……すみません」

「香取さんがリーダーなのは、みんなわかってる。でも、いまのままじゃ、わがままなだけになっちゃうよ。考えてこられなかったのは仕方がないんだから、そのことを正直に言って、そのうえでみんなから出た意見をよりよい方向へ持っていくのが本当のリーダー。ここには評論家は要らないの。必要なのは、いつも前向きに考えて『行動できる』チームなんだよ」

ごもっともすぎて、言葉が出ませんでした。

このときの私は、なんでも自分が中心になっていないと気がすまない、いくら人の意見がよいものでも、いったん人の意見を否定して、それでみんなの注目を集めようとしていた、ただの「わがままな評論家」でした。

一緒に考えてもらうことは「負け」じゃない

その後、私はみんなに謝り、一緒に考えてもらうことにしました。

みんなに一緒に考えてもらうことを、「負け」のように感じていたのですが、話し合っていくうちに、まったくの勘違いであることがわかりました。そして、いかに自分が、チームとしてキャンペーンを成功させようという意思がなかったか、気づかされたのです。

何度もミーティングを重ね、「安全」のキャンペーンでは、機材取扱上の注意点を標語にし、毎朝礼で復唱することが決定。

「礼儀正しさ（親しみやすさ）」では、スタッフをチーム分けし、毎日、シャッターを押した数と握手の回数を記録。トップのチームには責任者のポケットマネーで買った賞品が渡されることになりました（残念ながら私のチームは優勝できませんでしたが……）。

「ショー」では、全パレードルートでの手拍子の実施（これは運営部で賞を取ることもでき、ゲストからも賞賛のお手紙をもらうことができました）。

「効率」では、チーム分けしたスタッフごとに、ロープダウンの練習を行ない、どんなにパレードのスピードが速くなってもついていくことができるようになりました。

キャンペーンは大成功を収めたのです。

いまでもミーティングになると、宮外さんが教えてくれた「ミーティングに評論家は要らない」という言葉を思い出します。

4

たとえアルバイトでも仕事は仕事なんだ

ひとりぐらい休んだって、たいしたことねぇーよな

アルバイトといっても、非常に規律が厳しい東京ディズニーランドでは、遅刻・欠勤は絶対に許されません（ほかのところでも許されないか……）。

でも、当時は私も高校生。友だちと遊んでいると、つい「サボっちゃおうか」という悪魔のささやきに乗ってしまいがちな年齢です。

その日も学校が終わり、仲のよい友だちと遊んでいました。楽しい時間は過ぎるのがはやく、あっという間にアルバイトに行かなくてはならない時間に……。

「やべぇな〜。俺、もうバイトだから帰るわ」

「いいじゃんよ〜。香取、バイトなんかサボっちまえよ」

「でもなあ……」

「大丈夫だよ。バイトだろ？　学校じゃねーんだからさ」

「(本当は学校サボるより難しいんだよなぁ　〜心の声〜)

うーん……まぁいっか!!　ひとりぐらい休んだって、たいしたことねぇーよな」


この安易さが、あとでとんでもないことになるのですが……。

いくらなんでも「無届けはやばいだろう」と思い、遊んでいたゲームセンターの公衆電話から勤務先に電話をかけることにしました。電話に「どうか、あの怖い町丸さんが出ませんように」と願いながら……。

〜トゥルルル・トゥルルル・ガチャ〜


「こんにちは、運営部運営課スケジューラーの岩田です」

「あっ、あの、運営部運営課、パレードゲストコントロールの香取ですが……」

「おぉ、どうした?」

「……いま学校で、居残りさせられてるんで、ちょっと行けそうにないんっすよ」

「そっかぁ、わかった。どれぐらい遅れそうかな?」

「えっ、遅れる?」

「うん。どれぐらいで居残り終わるの?」

「いやぁ、まだわかんないっすね」

「そうか。じゃあ、いま町丸さんいないから、居残りが終わったら、もう1回電話してくれるかな?」

「(マジかよ……)はあ、わかりました」


電話を切った瞬間に、あの怖い町丸さんの顔が思い浮かんできます。

その後も友だちと遊んでいたのですが、なにをしていても町丸さんの顔が頭からはなれず、結局30分遅刻でアルバイトに行くことにしました。

学校を理由にすれば怒られないんだ

私は重い足取りで、言い訳をあれやこれやと考えながら出勤しました。パークに到着し、コスチュームに着替えて現場へ向かいます。

仲間のスタッフに、町丸さんの今日の機嫌を確かめようと話しかけると、今日の責任者は宮外さんで、町丸さんはお休みとのこと。

「ラッキー!!」と思う反面、「畜生!! スケジューラーの岩田さんめ、だましやがったなあ」と思いながら、宮外さんがいるバックの事務所へ。

遅刻の理由などを説明したあと、持ち場につき、その日は無事、勤務終了。理由が学校のことであれば仕方がないと、あまり怒られず、「勤怠報告書」なるものを記入し、宮外さんの上司である〝スーパーバイザー〟に提出して帰りました。

「勤怠報告書」は、パークで働く従業員全員の遅刻や欠勤など、勤怠に関して変更などが生じた場合、その理由と今後どうするのかなどを記入する書類です。記入したら直属の責任者と面接し、責任者もコメントを記入して、責任者の上司、スーパーバイザーに提出して、課内で一定期間保管されます。

「勤怠報告書」を一度でも書くと、その後の人事考課の際、どんなにほかの評価がよくても、勤務意欲とチームワークの欄で減点対象となります。また、累計勤務時間1000時間ごとの間で3枚以上になると顛末書《てんまつしょ》に変わり、場合によっては契約更新が不可になってしまう、恐ろしい紙なのです。

私は、そんなことも考えずに、学校の理由だったら怒られないですむのか、都合のいい言い訳を見つけたと、浮かれていました。

そんな浮かれ気分が災いしてか、そのわずか2日後の日曜日に寝坊しちまったのです。

えっ、遅刻が「契約違反」だって？

その日は学校もなく、前日の夜からオールナイトで遊びまわり、帰宅したのが朝の6時近くでした。バイトが昼から夜までだったので、仮眠をしたところ、目が覚めたときには、なんともうバイトの時間……。

言い訳を考えても、日曜日で学校があるはずもありません。仕方なく、震える指で電話で連絡を入れ、すぐさま支度をしてバイト先に向かいました。

私を待っていたのは、ふつうの顔の町丸さんでした。

絶対怒鳴られると思っていた私は、もしかしたら怒りを収められるかもしれないと、あーでもない、こーでもないと、嘘でかためた言い訳を連発。

ひととおり言い訳をして、おそるおそる顔を上げると、なんとも感情のない、能面のような町丸さんの顔が私を見ていました。

「香取さん。もう言い訳はいいですから、こちらでお話ししましょう」

「はっ、はい（なんなんだ？　この冷静で、冷ややかな話し方は……）」

「では、そちらにお座りください。最初に、これが、おととい香取さんが遅刻をしたときの勤怠報告書です。間違いありませんね」

「はあ」

「おととい遅刻をされて、また本日も遅刻ですか……」

「いえ、おとといは学校の居残りで……」

「本当ですか？」

（ギラ!!　鋭い目が私へ）

「は、はい」

「理由はどうあれ、遅刻は遅刻です。今回で2回目ですね。これは立派な契約違反です。わかりますか？」

「け、契・約・違・反って……」

「はい。香取さんは、この期間中、この時間であれば勤務できると、会社と契約をしたわけです。

しかし、理由はどうあれ、その契約が守れなかったのは事実ですから、契約違反です。

したがって、ここにネームタグ（名札）とIDカード（社内での身分証明証）を出してください」

「でも、おとといは学校の居残りがあって、それで……」

「香取さんの学校のクラスには大島さんがいますよね」

「（ドキッ）えっ?!」

やさしい人には嘘をつくのか!!

そうです。同じクラスの大島くんも、パークの違う場所でバイトしていたのです。

「（町丸さんは大島くんにおとといのことを確かめたのかも……。もうごまかせない）すっ、すみません。おとといのは嘘です。ごめんなさい」

「べつに謝らなくてもいいですよ。宮外さんはがっかりするでしょうが……。まあ、理由はどうでもいいんです。

ここに退職手続きの書類と、その説明を記した書類があります。あらかじめ退職手続きの書類には私の印鑑を押しておきましたから……」

「……（ほ、本当に町丸さんの印鑑が押してある。この人、本気だよ……）」

「さあ、あとは香取さんがご記入くだされば、すべて終了ですから」

見たことのない町丸さんがそこにいました。感情を出さない淡々とした丁寧なしゃべり方が、かえって私には恐怖に感じます。「このままでは本当にクビになる」、そう直感しました。

「ごめんなさい。本当にもうしませんから。クビにしないでください」

ここでやっと、ふだんの怖い町丸さんに戻りました。

「おまえ、ふざけんじゃねぇーよ‼　なんで嘘つくんだよ‼　やさしい人には嘘つくのかよ‼　宮外さんや岩田さんは、おまえの言ったことを信じていたんだぞ‼　人によって態度変えやがって‼

それに昨日も、ほかの仲間と夜中に遊んでいたんだろ‼　それで起きられませんって、当たり前だろ‼　起きられないんだったら、はじめから寝るな‼

死ぬまでここで反省してろ‼」

言葉が出ませんでした。

町丸さんの言うとおりでした。

当時の私は、やさしい先生や上司に対して、バカにしたり、態度を変えたりしていたのです。

1000円、1500円、2000円の目覚ましがあるけど、どれにする?

その後、おといの勤怠報告書を正直に書き直し、本日の勤怠報告書と一緒に、町丸さんのところへ持っていくと、すっかり反省しきった私に対して町丸さんも、それ以上怒ることなく、ただ「おといのことを宮外さんと岩田さんに謝ってこい」とだけ言われました。

私はすぐに宮外さんと岩田さんに謝りに行き、町丸さんのところへ戻りました。


「惜しかったな、おまえをクビにできると思ったのに……。でも、これで2枚目だから、もう1回でリーチだぞ!!」

「はい。すみませんでした」

「今日の遅刻理由は寝坊だったよな。おまえ、目覚まし時計、何個ある?」

「えっ? 2個ですけど……」

「そうか。じゃあ、このなかから好きなの選べ!!」

そう言うなり、町丸さんが引き出しを開けると、そこには新品の目覚まし時計がたくさん入っていました。どうやら、それぞれ違う種類のようです。

「これ、くれるんですか?」

「バカ、売るんだよ!! これが1000円で、こっちは1500円。これは2000円。どれにする?」

「えっ、……じゃあ、この1000円のやつ」

「はい、毎度ありがとうございます。代金は給料日に持ってきてくださいね」

「はあ」

じつは、町丸さんは寝坊で遅刻したスタッフに売るために、あらかじめ目覚まし時計をたくさん買っていたのです。

このあと、私が退職するまでの間に、目覚まし時計は2個増えました……（代金払ったっけ??）。

しょせんアルバイトと甘く考える私に、アルバイトでもきちんとした組織の一員なのだということを遅刻の面接で怖いくらいに教えてくれた町丸さん。きっと、ふつうに指導しても効き目がないことがわかっていたのかもしれません。

おかげで私は、アルバイトだろうがなんだろうが、仕事は仕事なのだと理解できました。

二度と寝坊で遅刻しないようにと、目覚まし時計まで〝売ってくれた〟、その心づかいにも感謝します（笑）

5

ユニフォームを渡してくれる「魔法使い」

言わなくてもサイズに合ったユニフォームを用意してくれる

これは、私が美装部の川本くんから聞いたお話です。

東京ディズニーランドには、スタッフが着るユニフォームのクリーニングや補修などの管理を行なう、美装部という部署があります。

美装部は、このような仕事のほか、身だしなみなどを徹底してくれる部署でもあります。言い換えると、私たちスタッフのスタイリストのようなセクションなんです。

川本くんは、スタッフが着たユニフォームを受け取り、新しいユニフォームと交換する交換カウンターの仕事を担当していました。

スタッフが着るユニフォームの交換をする仕事ですから、どのセクションよりもはやくオープンさせ、どのセクションよりも遅くまで働かなくてはなりません。
どんなに朝はやくても、私たちがユニフォームを取り替えに行くと、川本くんは、いつも笑顔で気持ちよく対応してくれます。そして、これから現場に向かうときなどは、ユニフォームを渡すときに、必ず笑顔で、

「ハイ‼　行ってらっしゃい。今日もがんばってね‼」

と、ひと言添えてくれるような、明るく元気な人でした。
さらに驚くことに、1日に何千人ものユニフォームを扱っているのにもかかわらず、私たちのユニフォームのサイズを覚え、サイズを言わなくても、すぐにその人のサイズに合ったユニフォームを持ってきてくれるのです。

そんな川本くんと話をするきっかけとなったのは、私が高校卒業後に配置された「シンデレラ城ミステリーツアー」というアトラクションのスタッフとして働き始めてから1年が経ち、新人スタッフのトレーニングを担当していたときでした。

これじゃあ魔法使い失格ですよね

その日は、朝からあいにくの雨……。

レインコートを着て現場に向かおうとトレーニー（トレーニングを受ける新人スタッフ）のほうを見ると、なんだかレインコートがつんつるてんです。

シンデレラ城のスタッフは、冬になると黒のロングコートを着ます。コートは丈が長いため、その上に着るレインコートは〝ドレス用〟といって、通常のレインコートよりも長いものでないと、コートをレインコートで覆うことができません。

ところが、私のトレーニーが着ていたレインコートはどう見ても短く、ロングコートが見えています。どうやら間違えて通常サイズのレインコートが貸し出されたようです。

すぐに私とトレーニーは、レインコートをドレス用に替えてもらうために、交換カウンターへ向かいました。

「すみません。このレインコート、間違えて貸し出されたみたいなんで、ドレス用に交換してもらえます？（怒）」（私）

「あっ‼　本当ですね。ごめんなさい。いますぐ専用のものと交換します」（川本くん）

（レインコートを受け取り、新しいドレス用のレインコートを取りに行く川本くん）

「ったくなぁ～。間違えんなっつーの」（私）
「私も確認しなかったので……、ごめんなさい」（トレーニー）
「いいんだよ、知らなかったんだから。美装部のヤツが悪いんだよ。来たら文句言ってやる!!」（私）

「お待たせしました。すみません。新しいレインコートです」（川本くん）
「あのね、今度から間違えないでよね」（私）
「はい、本当にごめんなさい。これじゃあ魔法使い失格ですよね」（川本くん）
「んっ……。ま・ほ・う・つ・か・い???」（私）
「……いや、なんでもないです。本当にすみませんでした」（川本くん）

トレーニーに新しいレインコートを着させて、通常どおりトレーニングを開始したものの、川本くんが言った「魔法使い」のフレーズが気になって仕方がありません。

トレーニングを終え、着替えて外のベンチに座ってコーヒーを飲んでいると、ベンチの奥に川本くんの姿を見つけました。

私は、どうしても「魔法使い」の意味が聞きたくて、川本くんのところへ行きました。

シンデレラがより綺麗でいられるように魔法を使うのが僕たちの役目

「お疲れさまです」

「香取さん、お疲れさまです。今朝はごめんなさい。トレーニング初日だったのに……」

「ああ、いいんだよ!! そんなこと、もう気にしてないから。貸し出ししたのだって川本くんじゃないんだし、そんなに責任感じなくてもいいよ」

「はあ……。でも、僕たちはそれが役目だから……」

「それよりさぁ、今朝、〝魔法使い〟って言ってたよね?」

「ああ（笑） すみません。つい……」

「ねえ、〝魔法使い〟って、どういうことなの?」

「僕たち美装部は、ステージ（舞台）に上がるみなさんの衣装を担当する役じゃないですか」

「うん……」

「じつは僕が新人トレーニングのとき、僕のトレーナーが教えてくれたんですよ。僕たちが扱うものは、ユニフォームじゃない。みなさんがステージで着る衣装、コスチュームなんだよって……」

「うん……」

「つまり、僕ら美装部の配役は、シンデレラの物語でいうと、魔法使いのおばあさんなんだって‼」

「魔法使いのおばあさん⁉」

「そうなんです。みなさんが上がるステージがお城の舞踏会だとすると、その舞踏会にふさわしいドレスやガラスの靴を用意する、魔法使いのおばあさんなんだって‼」

「……」

「だから、いつでもシンデレラ役のスタッフに、魔法をかけてあげるんだよって……。

僕らはステージに上がることはないけれど、そうやって魔法をかけてあげることで、シンデレラがより一層、綺麗でいられる。それが僕たちの役なんだって。だから、魔法をかけるときには充分、気をつけないといけないんです」

「……」

「あぁ、香取さん、ごめんなさい。変な話ですよね。もう間違えないようにがんばりますから、本当にごめんなさいね」

「……こっちこそ、ごめんなさい。そんなの全然気がつかなくて……」

この話を聞き、私の目の前は真っ暗になりました。

いままで、そんなふうにバックステージで働く人のことを考えたこともなければ、コスチュームを交換に出すときに「お願いします」や受け取ったときに「ありがとうございました」って言ったことすらなかったからです。

ましてや、この話を聞くまで、言葉では〝コスチューム〟と言っていましたが、本当の意味を知りませんでした。

川本くんの話を聞き、自分たちスタッフは、本当にシンデレラを、与えられた役を演じきれていたのだろうかと、深く考えさせられました。

それから私は、トレーニングのときには必ず、川本くんから聞いた話を伝えました。そして毎日、コスチュームを交換に行く際に魔法をかけてもらいました。

いまでも川本くんのあの笑顔と「行ってらっしゃい!!」を思い出します。

6

仕事には、時給で考えなくてはならないものとそうでないものがある

よりによって人件費予算の担当に!!

これは、私がパレードゲストコントロールの責任者になって、もうすぐ1年になる頃のお話です。

私を含め、当時のパレードの責任者は4人。責任者には、それぞれの担当業務が振り分けられました。人件費予算担当、トレーニング予算担当、備品予算担当……など。

私が担当することになったのは、よりによって人件費予算担当の仕事!! 昔から数字を見るのも計算することも大嫌いな私にとっては、過去最高の壁にぶつかることになったわけです。

はじめて予算担当するスタッフは、業務についての講習を受けて勉強します。

講習の最初のうちは真剣にメモを取ろうとがんばっていた私ですが、だんだんと睡魔に襲われ、気がつけば、隣の人に起こしてもらう始末……。結局、2時間の講習の半分以上も正気でいられず、なんだかチンプンカンプンの状態のまま講習会は終了。

オフィスへ戻るバスのなかで、一緒に講習を受けた人に、自分が寝てしまって聞いていなかったところを教えてもらえばよかったのですが、私の悪いクセが出てきます。

「さっきのクラス、わかりました？」

「いやぁ、ちょっと難しいですよね～」

「でっしょ!! なに言ってるのか、全然わかんないっすよねぇ～」

「ハハハ……（苦笑）」

「だいたい、たった2時間のクラスを受けて全部わかれっていうのが間違ってんすよ!! そう思いません？ これ受けてみんなわかるんだったら苦労しないいっつぅの!!」

「あぁ、でも、もらったテキストとか見れば、なんとなく理解できるようになりますよ」

「そうですかねぇ～。でも、こんなの適当にやっとけば、なんとかなるか（笑）」

あとで悔やむことになるとも知らない私は、こんな会話をしながらオフィスに戻りました。

3週間で提出って、そりゃ無理でしょう

オフィスで待っていたのは人件費担当の上司です。

「講習はどうだった？　ちょっとでも理解できたかな？
みなさんには自分の担当セクションの下半期の人件費の予算案を提出してもらいます。
昨年度の実績を踏まえて考えてくださいね。提出期限は3週間後。以上!!」

「……さっ、3週間って、いくらなんでも、そりゃ無理でしょう……」

講習中、ほとんど寝て過ごしてしまった私は、去年の資料を渡されても、見方さえわかりません。とりあえず、まわりの人に聞くしかありませんが、一緒にクラスを受けた人には、恥ずかしくって聞けません。

家に戻って、テキストを開いてはみるものの、さっぱりわかりません。仕方なく、昨年つくった人をつかまえて聞くことに……。

「ねぇねぇ柔さん!!　これって、どうすればいいんすかね？」

「あぁ、人件費予算ね。簡単だよ、ここはこうでしょう、で、これは……」

「……うーん。やっと、なんとなく見方とかはわかったんですけど……。これ、去年のまんま出したらダメですかね？　昨年と変わらずって感じで!!」

「バ～カ!!　ダメに決まってんだろ。よく見てみ!!　去年と今年の予想集客とレベルが違うんだよ。だから、去年と同じじゃダメだね!!」

「えぇ～。マジっすかぁ～」

「マジ!!　そんで、去年と同じようにして持っていっても、予算なんか通らねぇよ!!　説得するには、その根拠が必要なの!!」

「えっ、根拠!?」

「そう。だから、きちんとそのレベルを想定して考えること。それで、なにか新しいやり方考えて、去年より減らすこと!!」

「そんなあ～。減らすっていっても、もう無理でしょ。いまだってきついのに……」

「バカ!!　だからやりがいがあんだろうが。おまえが考えた新しいやり方で、サービスレベルも保てて、去年よりちょっとでも減らせたらすげーじゃん!!」

「……あぁ……」

残業って意味、知ってる？

仕方なく、自分で考えることにしたのですが、勤務時間はほぼ現場に出ているわけですから、作業は空いた時間を利用して進めなくてはなりません。

そうなると、現場に出るのをいいことに、なにかしら理由をつけて、面倒で難しい作業を後回しにして、だんだんとしなくなっていきました。

小学生が夏休みの宿題を後回しにして、登校日前日になって必死になるのと同じです。とはいえ、提出日はどんどん近づいてきます。結局、自分の勤務内では全然時間が足りず、毎晩残業することに。

この日も残業をしながら必死に作業をしていると、私の横に背の高いあの人影が……。


「よぉ!! 香取。おまえ、また残業してんの？」

「……はあ……。町丸さん、これが終わんないんですよ!!」

「なんだぁ、人件費のやつか。俺は終わってOKだったよ!!」

「えっ!! 町丸さんも、この担当なんですか？」

「そうだよ。はやく出したほうがいいぞ!!」

そしてまた次の日……。


「よぉ!! 香取、また残業してんの?」

「……だって……」

「おまえさ、この残業って、まさかつけてないよなあ!!」

「へっ!? 許可もらいましたよ」

「おまえ、嘘だろ!! 何時間残業してんだよ」

「だって、仕方がないじゃないですか!! この仕事やるの、はじめてなんですから」

「……香取、残業って意味、知ってる?」

「……しっ、知ってますよ」

「知ってて、なんで毎日、残業がつけられるんだよ」

「だって、時間内に終わんないんですよ」

「俺は全部、時間内に終わったよ!!」

「そりゃぁ、町丸さんだからじゃないですか」

この残業代は、今日来てくれたゲストのお金だぞ

「やっぱ、おまえ、残業の意味わかってないね!! あのなあ、同じ課題を出されて、俺やほかの人は終わっている。でも、おまえは終わってない。アトラクションと違って、パレードは、ずっとやってるわけじゃないだろ!! 作業する時間は、おまえのほうがあるってことだよなあ」

「はあ……」

「それで終わんないのは、作業量が本当に多いからなのか? そんなに難しいからか?」

「いやぁ……」

「それは、おまえの能力が足りないから終わんないだけだろ!! それを会社は、おまえに残業代払って、勉強のために投資すんのか?」

「……」

「よーく考えてみろ!! この残業代は、今日来てくれたゲストのお金だぞ。能力が足りないなら自分で勉強しろ!! ここは現場じゃねぇーぞ。いつまでも時給感覚でいるなよ」

そう言い残して、町丸さんは消えてしまいました。

冷静に考えてみると、町丸さんの言うことは正しいような気がします。

それまでの自分は、定時に終わらないものは全部残業だし、残業をつけるのは当然だと思っていました。しかも、業務のなかで講習まで受けさせてもらっていながら、半分以上を寝てしまい聞いてないのに……。

このときはじめて、仕事のなかにも、時給で考えなくてはならないものと、そうでないものがあることに、気がつきました。

その翌日も、勤務終了後、オフィスに戻って作業をしていると、あの大きな人影が横に近づいてきました。

「よぉ!! 香取、また残業してんの?」
「違いますよ!! これは勉強してるんです!!」
「そっか、勉強するために残るのは勝手だけどな!!」

町丸さんは「ニヤッ」としながら、またどこかへ消えてしまいました。

いま考えると、社会人としての考え方を、厳しい視点でコーチしてくれていたんだと思います。そしていまは、厳しくコーチしてくれたことに感謝しています。

7

必要なのは実際にできること

なんでいつも交代させられるんだろう?

これは私が「シンデレラ城」のキャスト（スタッフ）になってはじめての夏のお話です。

当時、シンデレラ城では、シンデレラ城ミステリーツアーというアトラクションがありました（２００６年終了）。

シンデレラ城のなかを、30人ぐらいでグループになり、約20分間歩いて探検するアトラクションです。お城のなかで行なわれる舞踏会などを紹介するはずが、白雪姫に出てくる魔法の鏡によって悪者たちと出会ってしまい、みんなで一緒に戦い、善は悪に勝つことをゲストと一緒に証明してみせるというもの。

クライマックスでは、勇気と善意と純粋な心を持ったゲストのひとりに「ヒーロー」として、善の王ターランの光の剣で悪の大王ホーンドキングをやっつけてもらいます。

やっつけてくれたお礼に、そのゲストには、サーの称号とヒーローメダルがプレゼントされるため、とても人気のあるアトラクションでした。

パークは連日たくさんのゲストでにぎわいます。土日祝日ともなれば、「シンデレラ城ミステリーツアー」も1時間待ちを超える長蛇の列が朝からできあがります。

こんな日は、お城の待ち行列を中心に、ゲストサービスや列の整理・設置&撤去をしたりするために「外の責任者」が登場します。

私がそのことに気づいたのは、ある日の朝礼でした。

「おはようございまーす」

「香取さん、おはようございます。それじゃあ、2人だけど、朝礼を始めましょう!!」

「ハイ」

「……ということで、今日も1日よろしくお願いします。

では、香取さんは砂糖さんと交代してください。そして砂糖さんに、私のところへ来るように伝えてくださいね」

「ハイ!!」

こんなふうに、誰かと交代させられることが続いたのです。なんで、いつも誰かと交代しなくてはならないのだろう。気になった私は、休憩中に責任者の生重さんに聞いてみました。

「生重さん!! なんでいつも10時半出勤のとき、僕は誰かしらと交代させられるんですかね?」

「ああ、それは、おまえの出勤シフトが、〝外の責任者〟のシフトになっているからだよ」

「〝外の責任者〟って?」

「ほら、休日なんかでゲストの待ち時間が増えるような日には、外にも責任者がいるでしょ。そのシフトがたまたま、おまえに当たっちゃったんだよ!!」

つまり、本当なら「外の責任者」が入るシフトに、「外の責任者」をできない私が入ってしまっていたのです。そのため、毎回、「外の責任者」ができる誰かとポジションを交代させられていたわけです。

「……あぁ、そういうことですか……。でも、やってみたいっす!!」

「うーん。おまえにはアトラクションの経験がないからなあ……」

「じゃあ次のとき、やらせてくださいって頼んでみますよ」

熱意だけじゃまかせられない仕事もあるんだよ

数日後、また同じシフトの日がやってきました。


「おはようございます!! 町丸さん、今日は交代したくないです」

「へっ!? なに?」

「俺にも外の責任者の仕事やらしてください」

「……なにするか、知ってんの?」

「教えてもらえればできます」

「……香取さぁ、やらせてほしいっていう熱意はいいけどよ、仕事は熱意だけじゃ任せられないもんもあるんだよ。だからダメだな。よし、今日は生重と交代してこい」

見事に撃沈でした。

しかし、負けず嫌いの私は、せっかく出勤しても交代させられることが、悔しくてたまりません。

「熱意だけじゃダメ!!　かぁ……」

頭のなかで町丸さんから言われたひと言がぐるぐると回ります。そこで、どうしたらやらせてもらえるのかを考えるのですが、一向に思いつきません。

なので、生重さんが勤務終了するのを待つことにしました。


「生重さん、お疲れさまでした」

「おぉ香取、まだいたの？」

「はい、お願いがあるんですよ」

「お願い……。なに？」

「ハイ、外の責任者になるためには、なにをすればいいか、教えてください!!」

「……（笑）。そうか、町丸さんに、なんか言われたんだろ!!」

「あっ、はい……。熱意だけじゃダメって……」

「そうか。わかった。ちょっとついてこい」


生重さんはそう言うと、私を連れて、このパークのデータを統括している部屋へ歩いていきます。部屋に入ると、そこにはいろいろな機械がたくさんあり、その奥のほうで生重さんが誰かと話をしています。

「香取っ、次に責任者のシフトになるのはいつだ？」

「えっと……。次は8月6日です」

「OK、わかった!!」

それからしばらくして、部屋の奥からなにかを持って生重さんが戻ってきました。

「あったあった。これを使って、今日は俺の家で勉強すんぞ!!」

「はっ、ハイ!!」

勉強会は深夜まで続く

コスチュームから着替えた私は、生重さんが運転するクルマに乗り、生重さんの家に向かい、2人きりの勉強会が始まりました。

「いいか、香取。さっき借りてきたのは、おまえが今度シフトに入る日と同じ日、同じ曜日の過去5年間のデータだ。来場者数から滞留者数に待ち時間、運営スケジュールまであるだろ。こっから、なにか共通するもんを見つけてみろ」

「……はっ、はい。……でも生重さん、滞留者数ってなんですか？」

「おまえなあ、そんなことも知らないで責任者やらしてくれって言ってたのか……。滞留者数っていうのはなあ……」

（そして、数時間後……）

「わかりました!!　パレード前に待ち時間が少なくなって、そのあと、また待ち時間が増えています!!」

「そうそう、ほかには？」

「ありません……」

「あのなあ、もっとよく見ろよ。ほら、ここの数字とこの数字があって、そしたらこれが……」

こんなふうにしながら、勉強は明け方近くまで続きました。

「ОＫ。あとは、いつも外の状況をさっき勉強したみたいな視点で観察してみろ。それで、いまの時間なにをすればいいのか、自分なりに考えてみることだな。まぁがんばれよ!!」

「ハイッ、ありがとうございました」

ついに「外の責任者」をやらせてもらえた!!

いよいよその日がやってきました。

「町丸さん、おはようございます!! 今日は俺に外の責任者やらしてください!!」

「うーん。前にも言ったろ。熱意だけじゃ……」

「ジャジャーン!! 勉強してきました。だから大丈夫です」

生重さんに教わったことを元に自分なりのレポートをつくって持ってきたのです。

町丸さんにそのレポートを渡すと、ニヤッと笑ってこう言いました。

「ふーん。生重だろ(笑)。わかった!! じゃあ、やってみるか。

これが、外の責任者がいつも書く業務日誌だ。30分で読んで覚えろ!!」

「ハイ!!」

その30分で町丸さんは、事務作業を全部終わらせ、責任者として大体の見るべきポイント、やるべきことを、質問してきます。

ここでちょっとでも詰まってしまったら、また交代させられてしまうと思い、私も必死に答えます。

そして、いよいよ外へ。

「よーし、外に出るぞ!!」

「ハイ!!」

この日は天気がよく、外に出ると一気に汗が噴き出てくるほどです。

私は町丸さんと一緒に、待ち行列のほうへ向かいます。ひととおりのことを私に教えると、町丸さんはうしろのほうへ下がって、全体を見ながら、次々と質問してきました。

「香取、いまショーが始まったステージは?」

「ハイ、『イッツ・ア・スモールワールド』のステージです」

「OK。何時に終わる?」

「20分後です」

「この時間の集客数は？」

「ハイ、約800人です」

「よし、じゃあ、いまやっておくことは？」

「ハイ、待ち時間がいったん減るので、それに合わせて内側の列をクリアします。そのあとは……」


要所要所で私に質問しながら、シーンごとで必要な判断やしなければならないことなどを、教えてくれたのです。

勉強しても実際にできなかったら役に立たない知識なんだよ

外に出て3時間ぐらいが経った頃。

いままで一緒だった町丸さんは、中番の朝礼をしに、いったん事務所に戻ります。一方、どうしてもお腹がすいた私は、休憩室にパンを食べに行きました。

休憩室から戻った私は、朝礼が終わって戻ってきていた町丸さんのところへ……。

「あっ、町丸さん。いま休憩から戻ってきました」

「誰が休憩に行っていいって言ったんだよ？」

「へっ？　いやぁ、だって、もう4時間も外だったし……」

「だったら責任者になりたいなんて言わねーで、ずっと休憩していたいですって、正直に言えよ!!」

「……すっ、すみません。つい……」

「責任者が外にいねーんじゃ、誰が指示出すんだよ!!

休憩に行くのはいいけど、責任者が誰もいなくなったらダメだろ!!　そんぐれーわかんねーのか!!　それにおまえ、休憩に行くこと、ほかのキャストに伝えたのか？」

「……すみません。伝えていませんでした」

「話になんねーだろ!!

でもな、言えば行ってもいいってことじゃねーぞ。状況を見て判断すんだよ!!」

「……状況、ですか？」

「そう、さっきおまえが休憩に行ったとき、外にいたポジションは、みんな新人だったよな!!　それと、その時間はちょうどパレード前で待ち時間が減るんだよな!!

せっかく勉強してきても、実際にできなかったら役に立たない知識なんだよ!!

必要なのは実際にできること。わかったか!!」

「……はい。すみませんでした」

そう言って、町丸さんはその日、食事もとらずに私につきあって1日中、外にいてくれました（私もご飯を食べられませんでしたが……）。

怒られもしましたが、責任者がどういうものなのか、そして本気で部下をコーチするその熱意を、町丸さんと生重さんから教わった出来事でした。

Column 1

「大切なもの」を本当に大切に思うこと

いま振り返ってみると、ディズニーランドでは、「仕事」＝「ゲスト」でした。

これは、どの上司、先輩も一緒で、いつでも会話の中心にゲストがいます。

こんなエピソードがあります。

遅刻をしたスタッフに対して、「遅刻や欠勤は、なぜいけないのか」を説明するとき、たいていは、まわりの仲間に迷惑がかかるとか、そういった理由をあげるでしょう。

しかし、こんなことを言う人がいました。

「あのね、香取さん。遅刻してほしくないのはさぁ、オープンのときに、この場所に香取さんにいてほしかったからなんだよ。

だって、香取さんが今日あの時間に通常どおりに立っていたら、今日のゲストのなかで何人かは香取さんと会って楽しい思いをしてもらえたかもしれないでしょ!! いつもそうやってポジション配置を考えているんだ。だから時間には来ていてほしいんだよ。

ほかのキャストなんて、誰も迷惑だなんて思ってないよ。でも、ゲストにとって私たちキャストの存在って、それぐらい大事なんだよね……」

　厳しく叱られたり、おもしろい発想で指導してくれたりと、やり方は違っても、いつも「ゲスト」が中心にいました。

「ゲストに楽しんでほしい」「楽しい時間と思い出を……」。たとえ、コスチューム交換カウンターのような表に出ないセクションでさえも。

　最初は「アルバイト＝適当」と考えていた私ですが、そこに「ゲスト」が存在することで、「アルバイト」であっても「仕事」だし、「仕事」であれば真剣さと責任を持って「ゲスト」に接しなければならない、そこには「アルバイト」も「社員」も関係ない……ということが感じられたのだと思います。

　ディズニーランドでは「ゲスト」でしたが、どんな仕事にも「大切にしなければならないもの」があるはずです。その「大切なもの」を本当に大切に思うこと、それが「働く」っていうことなんだ、と教えてくれたのです。

第
2
章

「教える」って、どういうことなんだろう

1

最初に受けた感動は絶対忘れないんだよ

トレーニングはスケジュールに沿って進めるのがふつうだけど

私が高校3年生のとき、新しい責任者として現われた生重さんが行なっていた、新しい型破りなトレーニング方法（現場教育）のお話です。

当時、私が所属していた「パレードゲストコントロール」という部署では、新規スタッフに対し、3日間の現場トレーニングを行なっていました。

トレーニングでは、新規スタッフは、パレードが行なわれていない時間帯には、ロープ巻きの練習や基本的な作業の仕方、このパークで働くにあたってのスピリッツなどを教わります。そしてパレードの時間になったら、先輩スタッフと一緒に各ポジションに入り、いままで教わったことを現場で実践して覚えていくのです。

もちろんそこには、順序や細かな時間などが明記された、きちんとしたトレーニングスケジュールが存在し、3日間で効率よく教育を受けることになります。そして最終日に、全員がチェックリストで覚えた知識の確認をして、ひとり立ちをする、というかたちでトレーニングが行なわれていました。

このなかで、私たちキャプテンとなるスタッフの役割は、トレーニングがスムーズに進むようにフォローしたり、実演を行なったりすることでした。

ちなみに、新しい責任者としてこの部署にやってきた生重さんも、ほかの新規スタッフと同じようにスタッフとしてのトレーニングを受け、スタッフの各ポジションを1週間ほど行なっています。そのあとに約2週間の責任者トレーニングを経て、責任者としてデビューするのです。

（このように、新しく現場責任者になる人も必ず、まずは担当するセクションのスタッフトレーニングを受け、各スタッフのポジションを経験したあとに責任者としてのトレーニングを受け、それを終えてから責任者としてデビューするという体制は、当時は当たり前のように感じていましたが、同じようにしている企業って、じつはあんまり多くないですよね……）

新人に仕事もさせずパレードを見せるだって？

生重さんが責任者となり、はじめての新規スタッフトレーニングが行なわれた春のことです。当時は私を含め、このセクションには8名のキャプテンがいました。

その8名が、業務終了後に生重さんに呼び出されました。

「今度の春に入ってくるスタッフのトレーニングだけど、いままでとは、ちょっと違う方法でやってみようと思う」

「違う？……」

「具体的には、もっとパレードのことを知って、もっとゲストに喜んでもらいたいから」

「はあ!?」

「くわしくは明日お願いするとして、今日帰ったら、パレードのことをもう一度、くわしく復習してきてほしいんだ。ストーリーとか、各フロート（パレードの〝だし〟のこと）の名前など……」

こんな会話を受け、頭に?マークいっぱいの私たちは、明日のトレーニングの方法を想像しながら帰宅しました。

次の日、私たちキャプテン8人と生重さん、そして6人の新人スタッフで、さっそくトレーニングが開始されました。私が担当するのは井上さんという新人スタッフでした。

前日に生重さんが「ちょっと違う方法で」と言っていましたが、いつもと変わらずにトレーニングがスタートします。

夜のパレードが始まる前、いつもどおり6人の新人スタッフにひとりずつキャプテンが付き添いました。ほかのキャプテン2人は、当日のキャプテン業務を行ないます。

ここで新人スタッフにつくキャプテンが集められ、昨日の「ちょっと違う方法」の説明が、はじめてされました。

「昨日言ったとおり、ここからちょっと違う方法でトレーニングを行なってほしいんだ」

「どうやるんですか?」

「う~ん。いままでは、これからパレードが終わるまで、キャプテンのみんなと一緒にポジションに入るよね。

今回は、ポジションに入らずに、パレードが到着したら橋の両側に分かれて、パレードを楽しく説明しながら、新人スタッフに見せてあげてほしいんだ!!」

「パレードを見せる!! ……ですか？ それじゃあ、仕事にならないじゃないっすか」

「いや、パレードを見ることも大切な仕事なんだよ!! とりあえずやってみてくれ」

「わかりました」と返事をしたものの、私たちキャプテンの心のなかでは、「なんで仕事中にパレードを見せなきゃいけないんだよ」「あの人まだ新しいから、俺たちの仕事がわかってねぇんだよ」などと半分納得しないまま。

でも、とりあえず、言われたとおりに行なおうということになりました。

パレードを楽しむことができて本当によかったね

生重さんに言われたとおり、私たちはふだんスタッフがゲストにパレードを説明するのと同じように、それぞれ担当の新人スタッフに説明しました。新人スタッフは当然、ゲストよりもいい場所で、それも細かい解説つきでパレードが見られるのですから大興奮です。

「ほら、ここからが不思議の国のアリスなんだよ。キノコにアリスが乗っているでしょ。じつはナイショだけど、見ている僕らが小さくなって、アリスのいる不思議の国の世界に入っちゃったんだよ!! だからキノコのほうが大きいし、カタツムリや蜂が僕らより大きいでしょう……」

パレードが終了し、使われていた機材のかたづけも終わると、終礼が始まります。

ひととおりの話がすんだあと、生重さんが新人スタッフ全員に、今日の感想を発表させました。新人スタッフは口々に、パレードの素晴らしさや自分の体験した感動を、うれしそうに話します。

全員の発表が終わり、最後に生重さんがこう言いました。

「みなさんの顔を見ると、本当に楽しかったのが伝わってきました。パレードを楽しむことができて本当によかったね。

これからみなさんは、ここにいるスタッフと一緒に、最高のパレードをつくっていくんだよ。明日からも、たくさんのゲストに楽しんでもらえるように、がんばりましょう」

えっ、今日も新人を遊ばせておくの？

そして次の日……。

トレーニングも2日目に入り、新人スタッフもポジションにつくことになりました。私も昨日担当した新人スタッフの井上さんと一緒にポジションに入ります。

昨日同様、トレーニングが始まる前に、担当キャプテンが生重さんにまた集められます。

「今日は、新人スタッフにポジションに入ってもらうのだけど、パレードが始まったら、そのポジションの職責は、全部君たちがやってほしいんだ!!」

「えっ、なんで？　……昨日もポジションやんなくて、今日もなにもしなくていいんですか？」

「なにもさせないわけじゃないよ。新人スタッフには、各ポジションで最初から最後までパレードをゲストと一緒に見ながら、ゲストに説明してもらうんだ。

だから、パレードが始まって終わるまでの間だけは、みんなにそのポジションをカバーしてもらいたいんだよ!!」

「そしたら、トレーニングになんないじゃないっすか？」

「まぁとにかく、安全上必要なことは必ず教えてやらせてほしい。ただ、パレードの最中は新人スタッフに、パレードをゲストに説明しながら見ることに集中させてくれ。

パレードが始まる前に、みんなのポジションに回るからよろしくね!!」

昨日に引き続き、不満がつのります。「こんなんじゃ、トレーニングになんねぇよな」「ただ遊ばせておくだけじゃん」「あの人どうかしてるぜ」……こんな会話が、私たちキャプテンの間で繰り広げられます。

しかし、言われたとおりやってみようということで、2日目のトレーニングがスタートしました。

入社2日目の新人にパレードを説明させるなんて

私と新人スタッフが担当するのは、車椅子をご利用の〝お客様優先スペース〟のポジションです。パレードが始まる前まで、私は新人スタッフに、このポジションの職責を説明しながら、一緒に業務を行なっていました。

もうすぐパレードが始まるというときに、生重さんが私たちのところにやってきました。そして突然、私たちの担当するエリアの家族連れゲストに話しかけます。

「こんばんは!! ようこそ!! パレードをご覧になるのは、はじめてですか?」(生重さん)

「ハイ。はじめてなんですよ」(ゲスト)

「なるほど。失礼ですが、お名前は?」(生重さん)

「山田です」(ゲスト)

「山田さんですね。本日はみなさん、どちらからいらっしゃったのですか?」(生重さん)

「愛媛県から孫と一緒に来ました」(ゲスト)

「それは遠いところから、ありがとうございます。それでは、今日は特別に、パレードのことならなんでも知っている井上さんをご紹介しますよ。井上さん!! こちらは愛媛県からご家族でいらっしゃった山田さんです。今日は山田さんと一緒にパレードを見ながら、パレードのことを説明してあげてくださいね」（生重さん）

「でっ、でも……」（井上さん）

不安そうな新人スタッフに生重さんがなにやら耳打ちをし、背中をポンと押してあげました。

「それではみなさん、楽しんでくださいね」（生重さん）

そう言い残すと、生重さんが私のところへやってきます。

「いいか香取、もし井上さんが困ったりしても、お前が代わるんじゃなくて、ゲストにわからないように井上さんに耳打ちして教えてあげるんだぞ。じゃあ、がんばって!!」

いきなりで、私も新人スタッフの井上さんもビックリです。だって、入社2日目のスタッフで、いくら昨日パレードのことを教えたからといったって……です。

それからパレードが始まり終了するまでの間、井上さんはゲストに必死で説明を行ないました。ときには言葉に詰まったりするところもありますが、ともかく一生懸命に説明をしてあげます。そして私は井上さんに、ゲストにわからないように必死に説明しました。

2人とも、パレードが終了する頃にはヘロヘロ状態でした。

最後に山田さんファミリーが、井上さんと一緒に写真を撮りたいというので、お城をバックに写真を撮ってあげました。山田さんファミリーは大喜び、何度もお礼を言ってくださいました。

ゲストの喜びが自分の幸せにつながる

昨日同様、終礼で新人スタッフが今日の感想を発表します。みな口々に、すごく緊張したとか、お客さまが喜んでくれてほっとしたといった感想を、うれしそうに話しています。

そういえば、こんなにうれしそうに話をしている新人スタッフを見たのは、はじめてのような気がしました。

終礼が終了し、生重さんが私たちキャプテンを集めます。

「本当にお疲れさま。どうだった？」

「ビックリですよ。まさか入社2日目のスタッフにあんなことさせるなんて」（一同うなずく）

「でも、終礼のときのうれしそうな顔、見ただろう!!

じつは、今回のトレーニングでいちばん気づいてほしかったことは、あれなんだよ」

「……？」

「俺たちの仕事は、ただパレードの準備をして、あとかたづけするだけじゃないんだよ。『一緒にパレードをつくってゲストに喜んでもらえる仕事なんだ』っていうことだよ。

このパークの素晴らしいところは、パレードを見に来てくれたゲストが喜んでくれることで、スタッフも喜べる仕事ってこと。人の喜んでいる姿を見て、自分の幸せにつながる仕事って、なかなかないでしょ。

だから、今回の新人スタッフには、いちばんはじめに、俺たちの仕事の素晴らしさを体験してもらいたかったんだ。人間、最初に受けた感動は絶対忘れないから」

当時の私は、この言葉を聞くまで、自分の仕事をただの「パレード交通整理係」ぐらいにしか考えていませんでした。

だから、心のどこかで「しょせんバイトで、パレードっていっても踊っているわけじゃないしな」と、さめたものがあったのも事実です。

（いまでも「従業員が楽しく働ける職場にしたい」というお話を多くの企業の方から聞きますが、ここまで「楽しく働くこと」にこだわってやってみる責任者がいる環境をつくれる会社に出会うことは少ないですね）

その後、私の考え方が変わったのは、言うまでもありません。

だって、人が楽しんでいるところを見て、自分も素直に楽しめる仕事なのですから。

この頃からでしょうか、ぼんやりと「仕事を教える」ってどういうものなのかがわかり始めた気がします。

2

教えないことが逆にトレーニングになることもあるんだ

ナレーションを覚えるのなんて楽勝だよ

これは、私が高校を無事!? 卒業した18歳の春、晴れて念願のアトラクションのスタッフになるための、最初のスタッフトレーニングを受けたときのお話です。

入社から約3年が経ち、所属していたパレードゲストコントロールでは、知らない人も知らないこともないボス的な存在だった私は、「知識」と「変なプライド」の両方を持ち合わせていた時期だったと思います。

私が配属されることになったアトラクションは「シンデレラ城ミステリーツアー」。約20分間、お城の騎士（スタッフ）と一緒に城内を歩いて冒険するアトラクションです。

なんとそこは、パレードゲストコントロールの責任者でもあった、あの怖い町丸さんがアトラクション責任者で、生重さんがトレーナーでした。

さらにうれしいことに（涙）、私のトレーニングを担当するのは生重さんに決定していました……（運がいいのか、悪いのか……）。

お城のなかを約20分間かけてガイドするわけですから、ナレーションだけでも、たくさん覚えなくてはなりません。しかし、そこは悪知恵の働く私です。

「トレーニングは5日間ある。まさか初日からガイドをやるなんてこともないし、せいぜい4日目ぐらいまでに覚えれば大丈夫だろう」なんて考えていました。

それどころか、自信過剰の私は、パレードゲストコントロールの仲間や後輩に「やっぱり俺はすごいんだぞ」と見せつけんばかりに、こんなことを言っていたのです。

「香取さん、3月からはシンデレラ城ミステリーツアーに行くんですよね」

「おぉ、そうだよ!!」（自慢げ）

「すごいですよね。あれだけたくさんのナレーション覚えるのって、難しいんじゃないですか?」

「フッ、あんなのチョロイもんだよ。まぁ、俺にしてみれば楽勝だからさ!!」

「おぉ!!　さすが香取さんですね」

まわりから「すごい」と言われれば言われるほど、どんどん調子に乗っていった私は、とうとうトレーニング当日まで、せっかく3週間前に渡されていたはずのナレーションブックを覚えようともしませんでした。

じゃあ、次のガイドでデビューしてもらいましょうか

トレーニング初日。

この日、トレーニングを受けるのは、私と、同じパレードゲストコントロールだった新沢さんの2人でした。コスチュームに着替えてオフィスに行くと、トレーナーの生重さんが待っていました。

「おはよう!!　どう、ナレーション覚えてきた？」（生重さん）
「いえ、まだ全部覚えきれていません。ごめんなさい」（新沢さん）
「うん、大丈夫だよ。これから覚えれば。
香取さんは覚えた？　まぁ、香取さんは楽勝だよね」（生重さん）

「はっ、はあ……」（私）

「じゃあ、さっそく現場に行きましょう!!」（生重さん）

生重さんにくっついて、早番の業務を教わりながら、お城のなかを案内されます。まず、オープン前のお城のなかで、それぞれのシーンでガイドがどこに立てばよいか、そこで使用するスイッチの使い方など、ひととおり教わったあと、オープン後に、ゲストのグループの最後尾に参加し、実際に体験。

その後、昼食まで、裏の事務所で、パークのテーマやフィロソフィーなどを教わります。もう午前中だけで目まいがしそうなほど、覚えることがたくさんです。

アトラクションもパレードゲストコントロールも大差ないだろうとなめていた私は、頭がパンク寸前でした。

そして昼食前に、アトラクション責任者の町丸さんのところへ行きました。

「おぉ、来たね。このアトラクションの責任者の町丸です。よろしくね!!」

「よろしくお願いします」

「じゃあ香取さんは、もう、そのまま次のガイドでデビューしてもらいましょうか」

「えぇっ‼　いや、まだ、もうちょっと、あの、えーと……」

「なんだ、自信ないの？　ナレーションブックも3週間前に渡したし、今朝、立ち位置も教わったでしょ‼」

「はっ、はい……。あっ、でも、まだ、なんていうか、今日は初日だし……」

「わかったよ。あとはトレーナーの生重さんにまかせます」

「了解しました」

「えっ、了解って……。生重さん……」

　ナレーションを全然覚えていない私は、内心あせりました。まさか初日にガイドデビューはないだろうって思っていたことを、見透かされたようでした。

「香取さん、どうする？　今日デビューしとく？」

「いや、っていうか、まだ、もうちょっと……。新沢さんのほうが、いいんじゃないですかね」

「バーカ‼　新沢さんは、まだナレーション完璧じゃないって、今朝言っていたでしょ。ねぇ？」

「ハイ!!」
「あっ、僕もまだ、ナレーション完璧じゃないんで……エヘヘッ」
「なんだ、まだ覚えてなかったの。じゃあ香取さんは明日にしましょう」
「あっ、明日!?」
「うん。まだ完璧じゃない部分は覚えてきてね」

こうして私は、トレーニングの2日目にデビューすることが決まってしまいました。

初日のトレーニングが終わり、一目散に家に帰った私は、昨日までとは打って変わって、ほとんど徹夜でナレーションの練習を行ないます。

しかし、しょせんは一夜漬け。あんなにたくさんのナレーションを、ひと晩で覚えられるはずなど、なかったのです。

こんなにたくさんのゲストがガイドに期待しているんだよ

トレーニング2日目。

午前中はなんとか待ってもらい、午後にデビューが決定してしまいました。

この日は土曜日。週末はゲストでいっぱいのうえに、シンデレラ城は人気のアトラクションです。お城の前には、ゲストの長蛇の列・列・列……。

さらに、トレーナーの生重さんが、デビュー前の私に、容赦なく大きなプレッシャーをかけてきます。

「昨日、待ち時間の計り方を勉強したよね。いま何分待ちか、わかるかな、新沢さん？」

「ハイ。えっと、列の曲がっているところまでですから、45分です」

「おぉ!! 正解。新沢さん、よく覚えていたね。ありがたいね。こんなにたくさんのゲストが長い時間待って、私たちのガイドを楽しみにしているんだよ」

私は待ち時間を計算することなどできないぐらいに緊張し、いまにも心臓が口から飛び出てきそうです。

「香取さん、どうしたの？」

「いえ、なんでもないです」

「ほら、ちゃんと見て!! こんなにたくさんのゲストが、私たちのガイドに期待して、これから45分も待ってくれるんですよ。遠くから来てくれている人も多いでしょうね……」

もういいから。

これ以上、話しかけないでくれ……!!

いよいよ、私がガイドするときが来てしまいました。心のなかで「あのとき、もっと練習しておけばよかった」……と思っても、いまさらどうしようもありません。

「よし、香取さん、次のグループでデビューしましょう」

「えっ、もうちょっと待ってくれませんか……」

「ダメです。これ以上は待てません。さぁ行くよ!!」

「みっ、みなさん、こんにちは!! (中略)

さっそく、お城のなかへ入ってみましょう!! さぁ、こちらへ」

ちゃんとガイドできなかったのに、ゲストがやさしい言葉をかけてくれた

最初の部屋はどうにかクリアしたものの、次の部屋で「魔法の鏡」がしゃべりだしたとたん、覚えていたはずのナレーションが飛んでしまい、頭のなかが真っ白に……。思い出

そうとすればするほど、言葉が出てきません。

慌てふためく私を無視して、鏡だけがしゃべり続けます。

もう、ナレーションどころの話ではありません。

必死に思いつくかぎりの言葉を話すのですが、全然ツアーになっていません。言葉に詰まるたびに、うしろにいる生重さんに助けを求めても、途中でガイドを変わることなんてできません。そのうち、ゲストから「お兄さん、がんばって」の言葉まで出てくる始末。

心のなかで、本当に申し訳ないと思いながらも、なんとか人生でいちばん長かった20分間が過ぎ、最後までたどりつきました。

落ち込む間などなく、すぐにアトラクションの出口に立ち、ツアーに参加してくれたゲストにお詫びをしていると、なんとゲスト全員が、「ありがとう!! がんばってね!!」と声をかけてくれたのです。

練習をしていなかった自分に、45分間も待ったゲストが、こんなにやさしい声をかけてくれる……。私はどうすることもできず、ただただ頭を下げ、涙を流すばかりでした。

最後のゲストを見送り、いちばんうしろからついてきていた生重さんと一緒に、裏の事務所に戻ります。涙を流し、下を向いている私に、生重さんが手を差し出します。

「香取、デビューおめでとう!!」

生重さんのやさしい言葉に、手を握り返しながら、私は反省の言葉を告げました。


「すみませんでした。俺……」

「大丈夫。これでわかったよね、次に何をしないといけないか」

「ハッ、ハイ。練習してきます」

「よし、よくがんばった」


こうして、デビューで撃沈された私は、真剣に練習し、いままで以上に一生懸命トレーニングを受けるようになりました。

おまえには悪い意味で〝慣れ〟があったんだよ

トレーニングの最終日。

チェックリストを使って確認を終えた生重さんが話し始めました。

「香取、じつはガイドデビューは、はやくて3日目、遅くて4日目って決まっていたんだよ。だから、一緒にトレーニングを受けた新沢さんは4日目デビューだったでしょ。

でも、なんでおまえだけ2日目にデビューさせたか、わかる?」

「……わかりません」

「おまえは、アトラクションに配属される前から、このパークで仕事をしていたよね。だから、悪い意味で〝慣れ〟があったんだな」

「……慣れ、ですか」

「そう。3年も同じ場所で働いていれば、誰でも〝慣れ〟が出てくるもんだけど、とくにおまえの場合は激しかった。

それと、おまえの性格上、1回目で簡単にできちゃうと、『なんだ、こんなもんか』って、なめちゃうんだよな。おまけに、うまくこなせたことで、失敗する人の気持ちもわからなくなっちゃう」

「はあ……」

「だから、町丸さんと相談して、おまえには最低限のことだけを教えて、2日目にデビューさせたんだよ」

「……」

「トレーニングプログラムはきちんとあるけど、おまえみたいなタイプには、あまり教えないことが、逆にトレーニングになるんだな。

反対に、新沢さんみたいな人には、完璧に教えて成功させてあげることで、自信をつけさせる。

いまは、わからないかもしれないけどな……」

いま振り返ってみても、私にとって「教えないことでトレーニング」してもらったことは、たいへん貴重な体験でした。そしてそれは、私がトレーナーになったときに、さらに深く実感できたのです。

3

白さんとはじめての出会い

トレーナーになって人にものを教える仕事がしたい

私の小さい頃の夢は、学校の先生でした。テレビで見たドラマ『熱中時代』の水谷豊に憧れたからです。

いっても、私の中学・高校生活を振り返れば、学校の先生になんかなれるわけがありません。そもそも、大学にすら入れそうにありません。

なので、東京ディズニーランドで働いていたときには、学校の先生になることは小さな頃の夢として、心のどこかで消し去ろうとしていました。

ところが、入社して3年目の19歳の頃、その夢が、かたちを変えてかなったのです。

19歳になった私は「お城の騎士」として働いていました。そこでは尊敬する人たちとたくさんめぐり会い、「彼らのようなトレーナーになる」という目標を抱くようになりました。それがいつしか「すごいトレーナーになって、人にものを教える仕事がしたい」と、小さい頃からの自分の夢とオーバーラップしていったのです。

東京ディズニーランドでトレーナーになるには、人事考課もありますが、第一関門として、ほかのセクションを経験することが必要です。配属先の異動経験でもいいし、3か月のクロストレーニング（登録先はそのままで、3か月間だけほかのセクションを経験すること）でも構いません。

ある日のこと。

責任者から、「トレーナーになるために、クロストレーニングに行ってみないか？」と話があったのです。

すごくうれしくて、飛び上がりたいほどの喜びでした。ふたつ返事で了解し、話を聞きました。

「クロストレーニング先は、ゴーカートのアトラクションだ。そこには責任者の白田さん、通称『白さん』がいるから、きっと勉強になるぞ!!

あっ、そうそう。初日に必ず自分の顔写真を2枚持っていけよ」

「勉強になるかぁ……。いったい、どんな人なんだろう。それにしても、写真を持ってこいって、なんでだろう??」

などと考えながら、クロストレーニングの初日を迎えました。

「白田ファミリー」またまた誕生!! ……なんだこれ?

東京ディズニーランドでは、どの役職でも、正社員・アルバイトを問わず、新しく入った従業員は必ずトレーニングを受けます。

トレーニングの初日は、トレーニング先のセクションの担当責任者との面接が15分間あります。

私はそこではじめて、あの白さんと会ったのです。

「お~ぉ!! 香取くん。白さん待っていたよ~」

「あっ、どうも、はじめまして」

「もうね、白さん、香取くんが来るのを、首を長くして待ってたんだよ。ほら」

（と言いながら首を伸ばしてしているのですが、白さんの首はけっこう短いんです（笑））

「あっ、ありがとうございます」

「さぁ、それじゃあ、さっそく、写真見せてよ」

「はい、どうぞ」

「そうか、香取くんは彼女いるの？　どこ生まれ？　なにが好き？」

15分間がそのようなやりとりで過ぎ、白さんとの面接が終わりました。

その後、私は担当のトレーナーについて、トレーニングを続けました。すると、そこにまたまた白さんが登場。

「ジャン・ジャジャ〜ン!!　見てみて!!　完成したよ〜」

白さんが手に持っていたのは、さっき渡した私の写真を切り抜いて紙に貼りつけ、派手に加工したものでした。

そこには、こう書かれていました。

お待たせしました!!　「白田ファミリー」またまた誕生!!

ゴーカートの貴公子!!　「香取 貴信」デビュー
主なプロフィール（出身地や趣味などなど、面接で聞かれたことが書かれている）
白さんの調べによると、まだ彼女はいないらしい(>_<)
現在大募集中!!　連絡は白さん事業部まで……。

「なんだ、これ……?」

私は言葉を失い、ただ見ることしかできませんでした。

あれで新人スタッフがはやくみんなと打ち解けられるようになるんだ

さらに白さんは続けます。

「これに香取くんのキャッチフレーズを入れて、事務所に貼るんだよ!!　だからさ、キャッチフレーズない?　インパクトが欲しいんだよね!!
ひげ書いちゃおうかなあ。帰りまでにキャッチフレーズ考えといてね!!」
ビックリでした。

一緒にいたトレーナーに聞いてみると、

「あれは白さんの趣味。でもね、ああやって、白さんが新人スタッフをみんなに紹介することで、新人スタッフがはやくみんなと打ち解けられるようになるのよ。だからね、白さんって、新人が来るのをいっつも楽しみにしているんだよ。本当に」

なるほどです。

白さんはおおらかで、とっても人なつっこい人。だから、なんだか温かさを感じてしまうのです。私は初日から一発で白さんのトリコになってしまいました。

そしてこの日から、白さん流の楽しくユーモアあふれるコーチングを体験するのです。

余談ですが、2枚あった写真のうち、1枚は事務所に貼るのですが、もう1枚は白さんが綺麗にファイルして、老後の楽しみにためているそうです。けっこうたまっただろうな（笑）。

4

怒鳴ったり叱ったりすることだけが指導じゃないんだ

うっかり寝過ごして無届け大遅刻

ゴーカートのアトラクションは、とにかく朝がはやい……。

いまはわかりませんが、当時はパーク内のアトラクションでは出勤時間がいちばんはやく、オープンの1時間45分前に出勤しなければなりませんでした。

乗ったことのある人はご存じかと思いますが、あのゴーカートは1台1台、本当にエンジンがついています。なので、その日用意するゴーカート全部に給油をしなければなりません。ピット内には、ガソリンスタンドと同じ給油機があるんですよ。

さらに、当日使うレースカーは、1台ずつ水でぬらした雑巾で丁寧にふきあげます。オープン前に用意する台数は、1コース18台で、3コース分の54台。

オープン前に54台分の給油とふきあげを行なうため、出勤時間がはやいわけです。

あれは、3か月のクロストレーニングも中盤に入った頃でした。

その日の開園時間は8時30分。早番だった私の出勤は、その1時間45分前なので、現場にコスチュームを着た状態で6時45分に到着する必要があります。

しかし、悲劇が……。

その日、私を目覚めさせてくれたのは、7時ちょうどの会社からの電話でした。

「zzzz……。はあい。香取です……」

「オフィスの砂糖田です。香取さん、今日の出勤は何時？」

「へっ!? 今日は6時45分ですが……」

「そう、正解!! じゃあ、いま何時？」

「えっと……。あぁぁぁぁっ!! すみません、7時です」

「何分ぐらいで来られるかな？」

「いや、いますぐに行きます。えっと、だから、40分ぐらいで……」

「わかりました。気をつけて来てくださいね」

……ついにやっちまいました（涙）。

大事なクロストレーニング中の遅刻です。さらに、オフィスからの電話で起こされての無届け大遅刻!!

クロストレーニングの前、本来の所属アトラクションの上司に、「クロストレーニング期間中は、絶対に遅刻するなよ」と、耳にタコができるほど言われていたのに……。

電話を切ったあとの私は、ただただ「どうしよう!!　やっちゃったよ」と部屋のなかをうろつくばかり……。

なんとか準備を終えたと思うと、今度は靴下が左右色違いだったり、Tシャツが前後逆だったり……。

急いで準備を整え、すぐさまクルマに乗り込み、エンジン全開で会社に向かいました。

いつもは好きな音楽を聞きながら、楽しいドライブ出勤なのですが、今日ばかりは違います。信号が赤に変わらないことを祈りつつ、心臓をドキドキさせながら、猛スピードで会社へ……。

当然、怒鳴られると思っていたのに⁉

会社に着くなり、コスチュームに着替え、現場まで猛ダッシュ‼ 息を切らせながら現場に到着したのは、オープン15分前でした。

急いで、スタッフに混じって準備をしていた運営責任者の白さんのもとへ。

「すみません‼ 寝坊しました‼ いま到着しました」

大きな声で怒鳴られるのを覚悟しながら、頭を下げた私でしたが、いままでに体験したことのない「白さん流コーチング」を体験することになるのです。

白さんの第一声は、想像だにしないものでした。

「おぉ‼ 香取、大丈夫か？ 白さん心配していたんだぞ。ほら、靴のヒモがほどけているから結んで」（笑顔）

本当に心配そうな顔をしながら、白さんはやさしい声で語りかけてきたのです。

「もう、白さん心配で仕方なかったよ!!」

「……へぇ!?」

「いや、香取が急いで来て、途中で事故でも起こすんじゃないかと思ってさ」

「……はあ、本当にすみませんでした」

「まぁ、無事に着いたからな、よかったよ」

「すみませんでした」

遅刻した嫌な感じ、ほかの人にもさせたくはないよね

「香取、どうして遅刻したんだ?」

「いや、オフィスからの電話で起きました。目覚ましも気がつきませんでした」

「そうか……。で、オフィスから電話が来たときは、どうだった?」

「あせりました。もうどうしようって、頭のなかが大パニックで……」

「そうだよな、遅刻するとパニックになるよなあ。それで、ここまで来る間はどんな感じだったんだ?」

「……そりゃ、はやく行かなくちゃってあせるのと、遅刻した罪悪感みたいなもので、本当に大パニックでした」

「うん。わかるなあ～。遅刻したときって、嫌な感じだよね」

「ハイ。すみませんでした」

「また遅刻したいと思うか？」

「もう二度としたくないです」

「そうだよね。ほかの人にも同じ思いはさせたくないよなあ!!」

「ハイ」

「そしたらさ、香取は今日遅刻して、本当に嫌な思いをしたんだから、これをさ、なんとかできないかな」

「……えっ!?」

「だからさ、ほかのスタッフにも、遅刻して今日の香取と同じような思いをさせたくないよね～」

「……はあ」

「せっかく香取が今日、こんなに嫌な思いをしたんだから、それをほかのスタッフにも体験させせないように、『遅刻撲滅委員』になるっていうのはどう？」

「ちっ、遅刻撲滅委員……ですか？」

「そう、よし!! 今日から香取は遅刻撲滅委員ね!!

このアトラクションで起こる遅刻を撲滅していこう‼　ねっ‼　今日の終礼までに、どうやったら、嫌な遅刻をみんながしないですむようになるか、考えておいてよ」

「……はっ、はい」

こうして私は、『遅刻撲滅委員』となり、その日の終礼で発表されることに……。

おもしろい発想で仕事を楽しく

「はい、お疲れさまでした。

さて、本日、香取さんが遅刻をしてしまいました。遅刻したことがある人はわかると思うけど、遅刻したときって嫌だよね。ドキドキしてさ‼　だから、今日から香取さんが、このアトラクションの『遅刻撲滅委員』になりました。

それでは委員になった香取さんから、ひと言お願いします」

「えっ‼　マジですか？　えーっ、今回、遅刻撲滅委員となった香取です。遅刻は本当に嫌ですよね。この嫌な遅刻がなくなるようにがんばります」

「はい、ありがとう。ということで、白さん考えました。

もし、明日遅刻しそうだなとか思ったときには、香取さんに相談してください。必要であれば香取さんを中心に、みんなでモーニングコールなんかをして、嫌な思いをしないようにしていきましょう。また、委員の香取さんから遅刻撲滅のための具体策などが出てくるので、みんなで実践していきましょう」

悪いことをしたり約束を破ったりしたときには、怒鳴られ、叱られることしか体験したことのない私にとって、白さんの行動は目からウロコでした。

まさか、こんなことを発想するとは……です。

このあと、委員の私は具体策として、終礼後に次回の勤務を復唱したり、何時に起きるのかを確認するなどを提案し、白さんと相談しながら、クロストレーニングが終わるまで続けました。また、白さん流にいえば「絶対起きるぞ!! モーニングコール大作戦!!」も行ない、出勤時間のはやいこのアトラクションで楽しくみんなが遅刻しないようにするにはどうしたらよいかを真剣に考えました。

この体験のなかで、白さん流の「おもしろい発想で仕事が楽しくできるように」を、少しずつ理解していくことになったのです。

5

いちばん大切なものだけでいいんだよ

トレーナーになるには厳しい条件がある

これは私が20歳の頃、晴れてトレーナーとしてデビューする前の面接でのお話です。

トレーナーは、各現場に新人スタッフが入社してきたときにマンツーマンのトレーニングを担当し、現場での作業の仕方からパークのスピリッツにいたるまでを教育するのが役割です。

とくに新人スタッフの入社がないとき（トレーニングのないとき）は、一般スタッフと同じように働き、常に一般スタッフの見本となり、リーダーとして責任者を補佐します。

この役割は人事制度にもリンクしていて、アルバイトであれば時給も上がり、新しい契約となります。

トレーナーになるためには、現在所属しているアトラクションの責任者の推薦と、ほかのアトラクション経験も必要で、なおかつ人事考課も良好でなくてはなりません。人にものを教えるのですから、当然ながら、非常に厳しい条件があるわけです。

事実、私は非常に遅刻が多かったため、せっかく責任者の推薦があったのに、トレーナーになるのが半年見送られ、その半年間、遅刻も欠勤もしてはダメという条件がつけられました。

さらに細かくいうと、トレーナー資格を得るためには、トレーナー候補者がサービス向上のキャンペーンなどを行ない、そのキャンペーンを実施した結果、所属している従業員のサービスが向上したなどといった結果も出さなければならないという、厳しいルールもあります。

そんなこんなで、なんとかトレーナー候補になれても、最後に担当のスーパーバイザー面接が待っています。

面接では、「パークのスピリッツ」「運営理念」「担当アトラクション全ポジションの標準作業手順」の3つをくわしくレポートしたものを提出しなければなりません。それが、会社としてトレーナー職をゆだねられるかどうかを判断する材料になるわけです。

こんなのは書けて当たり前だよ!!

過去に受験勉強もしたことのない私は、まず本屋で国語辞典なるものをはじめて購入し、レポート用紙に下書きを始めます。

そして、慣れない文章と格闘すること丸3日間。夜も眠らず（ちょっとオーバーか!!）、やっとの思いでレポートを書き上げました。

それまで、宿題もしたことがなければ、文章も書いたことのない私は、完成した3つのレポートに自分自身、感動したのを覚えています。

いよいよスーパーバイザーとの面接の当日、私は意気揚々と自分のレポートを握り締め、面接の部屋へ。

今回、私の面接を担当するのは、見るからにいかつい顔の坂倉さん（ごめんなさい）。ふだんはとてもやさしい方なのですが、曲がったことが大嫌いな、怒ると怖いスーパーバイザーです。

部屋に入ると、まだ坂倉さんの姿はありません。

私は、できあがったレポートをチェックし、なにを聞かれてもいいようにと、レポート内容の暗記を始めました。

遅れること15分くらい（ほかのアトラクションで故障が発生したらしい）、部屋に入ってきた坂倉さんから話し始めます。


「さぁ、香取さん、始めましょうか」

「ハイ!!」

（そして、この直後、ショッキングな出来事が……）

「じゃあ、最初に、レポート持ってきた？」

「ハイ、持ってきました」

（レポートを、これ見よがしに坂倉さんへ渡す私……）


坂倉さんは私の書いたレポートをパラパラとめくり、そのまま隣のテーブルへ……。私が丸3日間かけて、寝ずに書いたのに!?　全然見てないじゃん!!


「OK。こんなのは書けて当たり前だから!!」

「えっ……」（ガァーン!!）

「だって、トレーナーになるぐらいなんだから、これぐらいまとめられて当然でしょ」

「……えっ、それ見てなにか、質問とかないんですか?」

「だって、これは予選だよ、きちんとレポート書いてくるかどうかの……。だから、いまは必要ないんだよ!! 書くことで再認識できたでしょ。ヤマがはずれたって感じ?」

「ハ、ハア……」

はじめての新人に全部覚えられるわけないんだよ

「それじゃあさ、さっそくチケットポジションを、俺が新人だと思って教えてみな!!」

「チケットポジションですか……」


チケットポジションというのは、当時の東京ディズニーランドが、終日乗り放題のパスポートのほか、入園券で入場し、乗りたいアトラクションのチケットだけを購入するという仕組みだった頃にあった仕事で、各アトラクションの入り口にあり、パスポートの日付の確認、アトラクションチケットの回収などを行ないます。

「準備はいい? よーいスタート」

もう、こうなったらヤケだと思い、さっそくチケットポジションの説明を始めることにしました。

「それでは坂倉君、これからチケットポジションを教えるね。まずチケットポジションとは……」

（えんえんとしゃべり続ける私、それをじっと聞く坂倉さん）

「……以上がチケットポジション。わかった?」

「OK。いまので、ざっと25分。どう? 説明していて気持ちよさそうだったね。さて、いまの説明で、新人の俺はチケットポジションを完璧に理解できたと思う?」

「えっ!?」

絶対に完璧だと思っていたのに……。

「はあ、たぶん完璧ではないでしょうかね……」

「そうかぁ。完璧なのは、おまえの話術だけだな!! はじめて聞く新人には、なにがなんだか、さっぱりわかんないな」

「……」

「ちょっと思い出してみ!!　おまえが新人でトレーニングを受け終わったとき、完璧に全部覚えていたか?」

「……」

「だろう。はじめての新人に全部覚えられるわけないんだよ!!」

莫大な知識をかみくだいてやさしく教えることが大事なんだ

「いいか香取、教えることが10個あったとするよな。その10個を丸ごと教えても、せいぜい覚えられるのは1個か2個だっただろう。だったら最初から10個教えるんじゃなくて、そこでいちばん大切な1個を教えてあげることがトレーナーなんだよ」

「……」

「それじゃあ香取、チケットポジションでいちばん大切な1個はなんだと思う?」

「うーん……。笑顔で心からお客さまをお迎えできること」

「そうだろ。じゃあ、次に大切なことはなんだと思う?」

「チケットが確認できること」

「そうだよ。そうやって教えていけばいいんだよ」

「……」

「トレーニングは、トレーナーの演説を聞いてもらうためにやってるんじゃないんだよ。さっき、俺がおまえの分厚いレポートを読みもしないで机に置いたよな。トレーナーは、あのぐらいの知識は持っていて当然で、莫大な知識をどうやって、かみくだいてやさしく、わかりやすく教えてあげられるかが大事なんだよ」

まさに、そのとおりでした。

きっと、当時の私は知識だけをふくらませた、釣りで使う丸いかたちの浮きのように頭の大きい「浮き男」だったのだと思います。

坂倉さんのあの面接がなければ、しゃべりたいことだけしゃべって受講する側を考えない、変なトレーナーに私はなっていたことでしょう。

6

小さいことでも見逃すとそこからバラバラになっていくんだ

ルールがあろうがなかろうが、見つからなければ関係ない

サービス業だけでなく、若い従業員を抱えている上司の方々にとって、もっとも悩ましいのが、ルールの徹底なんじゃないかと思います。

これは、そんなルールの徹底を極限の恐怖のなかで体験したお話です（笑）

私がいた当時、東京ディズニーランドには、それはそれは厳しいルールが存在していました。

「身だしなみ」ひとつとっても、男性・女性それぞれに細かくルールが定められていました。たとえば、髪の毛についても、染めてはいけない、男性の髪の長さは耳にかかってはいけないなど、かたちにいたるまで、学校の校則のように決まっていたのです。

高校を卒業し、パレードのお仕事から「お城の騎士」に変わって半年が経った頃の私は、なんとなく仕事にも慣れ、まわりの雰囲気も理解できるようになり、後輩も入って、浮かれていたように思います。

「ルールがあろうがなかろうが、見つからなければ関係ないでしょ」

新人の頃だったら髪の毛が耳にかかる前に床屋へ行っていたのですが、ちょっと伸ばしてみようかなあと甘い誘惑に負け、髪の毛を伸ばし始めたのです。

髪の毛を切る？　それとも耳を切る？

伸ばし始めて数日が経ち、「やばいかなあ」と思いながら出勤してみると、意外にも誰からも注意されることなく、1日が過ぎました。私は心のなかで、「なんだ、けっこう大丈夫じゃん」と思い始めていました。

そして、さらに数日が経ったある朝。いつものように出勤し現場に行くと、うしろから大きな人影が……。

「お・は・よ・う‼　香取さん」

「あっ、おはようございます。町丸さん」

「香取さんさぁ、男性の髪の毛の長さはどこまでだっけ?」

「……はっ、はい、耳にかからないように、です」

「そうだよね。香取さんの髪の毛はどうですか?」

「……すみません。耳にかかっています」

「どうする?」

「今日、切ってきます」

「どっちを?」

「へっ!! どっちって?」

(おもむろに、ポシェットからはさみを取り出す町丸さん。……シャキシャキ……)

「だからさ、髪の毛が耳にかかっちゃダメなんだよね。だから選択肢は2つだよ!! 髪の毛を耳にかからないように切るか、耳を切ってしまうか」

「いやあ……もちろん髪の毛を切ってきます」

「でもさあ、今日の勤務はどうするの?」

「……」

「このままじゃ、勤務できないじゃん」

「……」

「よし、じゃあ耳、切ってあげるよ‼　ねっ‼」

「えぇぇぇぇぇ〜‼」

（……シャキシャキシャキシャキ……）

町丸さんは本当に耳を切る勢いでしたが、どうにか、それだけは逃れることができました。でも、まさか本当に、その場で髪の毛を切られるとは思いもしませんでした。

「おぉ〜、けっこううまく切れたよ‼　でも、ちゃんと床屋で切ってきたほうがいいよね」

「……」

「香取さんさあ、ちょっと調子に乗っていたでしょ‼　見つからないと思って‼」

「はっ、はい……」

「見つからないわけないじゃん‼」

町丸さんの徹底ぶりには驚きます。とくに身だしなみについてのルールには厳しく、守れていない場合は、現場に出ることすら許されません。

現場に出られるようになっていなかったから遅刻だね

パークで履く革靴は、スタッフ自身で指定のものを用意しなくてはなりません。つまり、自分で買うということです。そして、身だしなみのルールでは、靴はいつも綺麗に磨いて清潔に保ちましょうとなっています。

私の友人の遠藤さんが履いていた革靴は、かかとが磨り減り、つま先がパカパカとクジラの口のようになり、靴のゴムの部分が取れかかっていたそうです。

朝礼を受けていた遠藤さんのうしろを町丸さんが通りがかり、その靴を発見してしまったのです。

「オイ!!　遠藤!!」

「ハイ!!」

「この靴で今日まで仕事していたのか?」

「……はっ、はい……」

「いまから新しい靴を買ってこい!!」

「えっ、でも……もうオープンしちゃうじゃないですか?」

「そうだよ、オープンしちゃうから買ってこいって言っているんだよ!! はやくしないとオープンしちゃうじゃん」

「……わかりました」

「オイ、誰が現場から行っていいって言ったよ!! 裏から回れ、裏から!!」

そして遠藤さんは、あの巨大なパークの裏側を全速力で、従業員ショップへ向かいます。

やっとの思いで新しい靴に履き替え、なんとかオープンに間に合いました。

「町丸さん、戻りました」

「OK!! でも、出勤時間過ぎているから、今日は遅刻だね」

「えっ!! だって、ちゃんと15分前に来ていたじゃないですか?」

「うん、でも、そのときは現場に出られるような状態になっていなかったからねぇ」

どうです。町丸さんって、とっても厳しいでしょ!!

でも、厳しいなかにも、ちょっとしたやさしさもあるんですよ。

私たちが床屋に行ったあとや、靴がピカピカになっていると、誰よりもはやく見つけて声をかけてくれるのも町丸さんでした。

「香取さん、髪の毛切ってきたの?」

「ハイ!!」

「似合うよ!!　Ｇｏｏｄでしょ!!」

「遠藤さん、今日も靴がピカピカだね!!」

「ハイ!!」

言いにくいことをきちんと伝えるのが、本当の先輩や上司じゃないかな

私が責任者になる頃、町丸さんがなぜこんなにも厳しいのかを、生重さんが教えてくれました。

「町丸がなんであんなに厳しいかって?

うーん。ルールを徹底することは、社会人としてのしつけなんだよね。だから、見つけたときにそれが間違っていたら、見逃しちゃいけないんだよ!!」

「……うーん。でも、言いにくいじゃないですか？」

「みんなが言いにくいことを、きちんと伝えるのが、本当の先輩や上司なんじゃないのかな……。人間、みんな弱いからさ、人に嫌がられることや嫌われることを考えたら、言いたくないじゃん。町丸だって同じだよ。

もっと言えばさぁ、ほかの人に見つかって叱られるくらいだったら、自分で指導しようって思うもんね。

香取だって、見つからなかったら、ルールなんて守らないでしょ!!

でも、ルールが徹底されていないと、小さいことだけど、そこからバラバラになっていくんだよ。だから町丸や僕たちは必死になって、見逃しをしないようにしているんだなあ。

現場でも同じことがあるじゃない。身長制限とかさ、見逃したくなるよね。でも、ここで見逃してしまったら……。そういうことだよ!!」

このときは正直、よく理解できませんでした。

しかし、自分が責任者になったときにはじめて、見逃さないことが重要なんだと感じる出来事に遭遇したのです。

7

気がついたら必ずそのときに伝える

みんなに好かれたいという気持ちが先行していた

町丸さんがなぜあんなに厳しいのかを生重さんから教えてもらってから約3年。私がパレードの責任者になって間もない頃の話です。

当時21歳の私が担当したのは、夜のパレードの準備やあとかたづけなどを行なう「パレードゲストコントロール」というセクション。ここは、私が東京ディズニーランドではじめて働くことになった部署でもあります。

スタッフはみんな高校生のアルバイトで、総勢80人近くの大所帯。責任者は私のほかに3人いて、4人体制で業務を行なうことになっていました。

責任者とはいえ、スタッフはみんな高校生ですから、当然、人として信用してもらえなければ、言うことを聞いてくれません。

責任者としてのトレーニングも終わり、無事ひとりでデビューすることになってから数週間が経った頃のこと。いつものように朝礼を行なおうと前に立つと、ひとりの女性スタッフの髪の毛が、肩に微妙にかかっているのを発見!!

前にもお話ししたとおり、パークの規定はとても厳しく、女性の髪の毛が肩にかかる場合は、結ばなくてはお客さまのいる現場に立つことができません。当然、それを指導する責任は、上司である私にあります。

ここは勇気を出して注意をしなくては!!

「佐東さん!!　ちょっと髪の毛が肩にかかっていますよね!!　現場に出るまでには結んでおいてください!!」

(おぉ〜香取くん、よく言った!!　それでこそ責任者!!　カッコイイ　〜私の心の声〜)

「えっ!!　なに言ってんですか?　肩になんか、かかってないですよ!!　ねぇ!!」

「あっ……えぇ〜……。でも、ちょっとかかってるでしょ!!」

「ぎりぎりかかってないじゃん(怒)」

「……そう言われれば……たしかに微妙ですよね……。わかりました、これから伸びて肩にかかるようだったら結んでくださいね（赤面）」

「はあ〜い」

私が注意をした彼女は、このセクションにいちばん古くからいるスタッフで、ちょっとしたリーダー的な存在でした。そんな彼女の勢いに負け、私はルール違反を許してしまったのです。

それからが大変でした。

この日をさかいに、女性スタッフの身だしなみが、少しずつ変わっていったのです。

髪の毛の色がほんの少し茶色になり始めるスタッフ……。

規定ではイヤリングの直径が○ミリと決まっているのに、それより大きなものを身につけるスタッフ……。

そんなスタッフを見るたびに、注意しなくてはいけないと思いながらも、見逃し続けました。

きっと私の心のなかで、お客さまが見てどう思うのか、パークの規定がどうなっているかといった判断よりも、せっかく責任者になったんだから、スタッフみんなに好かれたい、みんなに嫌われたくない……という気持ちが先行していたのでしょう。

あんたが最初にきちんと言わないから、こうなったんでしょ!!

そして数週間が経ったある日、一緒に責任者になった塩星さんが私のところにやってきました。


「ねぇねぇ、香取さんに確認したいことがあるんだけど」

「えっ、なに？」

「佐東さんに、髪の毛が肩に多少かかっていても、結ばなくてもいいよって言ったの？」

「いや、いいよ、なんて言ってない。あのときは微妙だったからOKしただけで……」

「でも、いまの彼女は完全に肩にかかっているでしょ!!　気づかなかったの？」

「……いやぁ、気づいたけど、言いづらくて……。塩星さんから言ってよ。ねっ、お願い。俺、そういう役、得意じゃないからさ」

「ったく!!　得意不得意じゃないでしょ!!　私が注意したら、『香取さんがいいって言いました』って言ったのよ（怒）。そう言われたら、こっちだってそれ以上、言えないでしょ!!　あんたが最初にきちんと言わないから、こうなったんでしょ!!」

「……まっ、そうだけどさぁ〜。やっぱり、そういうのは得意な人がやったほうがいいよ。ねっ!!」

「だから、それができないなら責任者なんてやめれば？　こういうことをきちんとできないと、大変なことになるんだよ!!　トレーニングのときにも教わったじゃない!!」

「わかったって…。今度はきちんと注意するから……」

しかし、それ以降も私は、ルール違反に気づいても、スタッフに嫌われたくないからと、見逃し続けていました。

すると、まじめだったスタッフまでもが変わり始めたのです。

そしてとうとう、責任者ミーティングで、この話題が取り上げられることに……。

「最近、スタッフの身だしなみが、どんどん崩れているように思うのだけど……。みなさんはどう感じていますか？」

「身だしなみが崩れたぐらいから、スタッフの慣れや伝達ミスとか多くなりましたよね。それに、出勤率も今月、極端に下がってきたし……」

「香取さんに言いましたよね。きちんと注意してほしいって!!　その後、ちゃんと注意してくれました？」

「……いやぁ～。っていうか、どうやって注意していいか、わからないんですよ!!」

「香取さんがスタッフのとき、いつも注意されていたでしょ!! それできちんと直したんじゃなかったの?」

「……っていうかさぁ、女性スタッフって難しいじゃん!!」

「わかりました(怒)。もう香取さんには頼みません!! 要するに、注意できないってことですよね。上司に報告します!!」

嫌われ役は必要だけど、嫌われ者になったらダメなんだ

そんなこんなで責任者ミーティングが終了。

「そんなこと言ったって、言いづらいんだもん」とかなんとかブツブツ言いながら廊下を歩いていると、前から生重さんがやってきました。


「おぉ、香取!! ひさしぶりじゃん!! んっ、なんか元気ないけど、どうした?」

「生重さん、じつは……」

「なんだぁ、そういうことか。

お前さぁ、ひょっとして、みんなに嫌われないようにって思ってるんじゃない?」

「……」

「1回見逃すとさぁ、言いづらくなることってあるよな。とくに身だしなみとかルールのことってさぁ!!　でも、見逃しといて、そのままにするの?」

「……」

「それじゃあ、ずるいよ!!」

「ずるいっ!?」

「だってさぁ、そのまま見逃しておいて、人事考課のときにはルールが守れないから低くつけるんだろ!!　そんなの卑怯じゃん。

言いづらいことを言えないってのはさぁ、責任者のおまえの問題で、部下はなんにも悪くないじゃん!!

きちんと相手が理解できるように、わかりやすく説明してあげたり、相手が直すまで、100回でも200回でも言い続けたりするのが、真のリーダーなんじゃないの!!」

「……はあ」

「おまえが尊敬している町丸さんや白さんや坂倉さんは、みんなに好かれたいと思っていると思う?」

「……いっ、いやぁ……」

「チームのなかには、嫌われ役は必要なんだよ!! とくにリーダーにはね!! でも、嫌われ者になったらダメ。わかる? この違い!!」

「はあ〜、なんとなく……」

「おまえが尊敬している人を、もっとよく見てみろよ!! あの人たちは誰に対しても公平だろ!! 厳しく思えても、みんな尊敬してるじゃん、あの人に認めてもらいたいって!! いまのおまえがやっていることは、ただ好かれたい、嫌われたくないって。仲良しクラブじゃないんだよ」

「……はい」

「チームが最高の力を発揮するためには」って考えろ

「いいか、これからこのチームをまとめて最高のチームにしていきたいんだったら、見逃しはしないこと。気がついたら必ず、そのときに伝える!! 言いづらいと思ったら、そのとき自分がどう思われるかより、『チームが最高の力を発揮するためには』って考えること!!

そして、指導や注意をするときには個別に行なうこと。間違っても、みんなの前でさらすようなことはしない。その代わり、誉めるときは全員の前で、これでもかってぐらい誉める!!
これが、おまえの尊敬している人たちがしていることだろ!!」

やっと目が覚めました。

そうです。私は部下のみんなに好かれたいとか、嫌われたらどうしようという、目の前のことばかり意識をしていて、リーダーとして大切な、「このチームで最高の力を発揮するために」ということを忘れていたのです。

次の日から、生重さんに教えられたことを実践していくことにしました。
すると、最初は多少の抵抗はあったものの、徐々に理解を示してくれるスタッフが増え、最後には、なにもしなくてもよくなるほどに変わっていったのです。

Column 2

一緒に考えることが大事なんだ

コンサルタントとして現場教育の仕事を手伝わせていただくようになった現在、なおさら教育の重要性を感じます。

だって、考えてみてください。

私のようなヤンキー上がりの人間が、東京ディズニーランドはじめ、様々なシーンでよい教育を受けさせてもらったおかげで、いまのような仕事をさせてもらえるようになるのですから……（笑）。

なかでも忘れられないのは、コンサルタント会社時代の上司が教えてくれた言葉です。

「人だけが、インプットを超えたアウトプットをできるんだよ‼」

機械は、インプットした数だけ確実にアウトプットすることはできるけど、人間は、たったひとつインプットをしても、そのアウトプットの量は無限だというのです。

でも、その無限のアウトプットをできるようにするためには、ただ伝えるの

Column 2

ではダメ!!　なぜ、この手順なのかを一緒に考えるってことが大事……と。

たとえば「身だしなみ」。

これを「会社の規定だから守りましょう」と伝えたのでは、「スキあらば!!」となってしまいます。そこで、一緒に繰り返し考えてみるんです。

「なぜ身だしなみを守らなければならないと思う？」

←「会社の規則だから……」

←「なんで、そういう規則があるんだろう？」

←「ゲストに不快感を与えないため」

←「それじゃあ、君の身だしなみはどう？」

←「んー、べつに不快じゃないと思うけど……」

↓

「不快じゃないのか。じゃあ、清潔感はどう？」

↓

「見る人によって違うかもしれないけど……僕はそれなりにと思って……」

↓

「見る人みんなが清潔感を感じるにはどうしたらいいと思う？」

こうやって、自分で考えて納得しながら身につけてきたことは、その後のアウトプットが無限となるわけです。

「教える」というと、なんとなく学校の授業のように一方通行な感じがしますが、本当は教える側と教わる側が「一緒に考える」ということなのかもしれません。

第3章

「本当のサービス」って、なんだろう

1

“ひと握りの勇気”も大切なサービスなんだ

理解していても“苦手は苦手”

これは、私が16歳で入社した年の夏休みに、はじめてゲストからいただいた「ゲストレター」のお話です。

当時の私の仕事は、パレードを多くのゲストに安全に楽しんでいただくための「パレードゲストコントロール」でした。

基本的にはパレードのためのゲストコントロールですが、現場に出れば、パレード以外のゲストサービスを行なうのも私たちの仕事です。

たとえば、東京ディズニーランドでは、ゲストが写真を撮っているのを見かけたら、スタッフがすすんでシャッターを押してあげましょうというサービスがあります。

これをフォトサービスと呼び、入社時の導入研修で1回、現場OJTで1回教わります。

入社当時の導入研修で「私たちスタッフの仕事は、こんなお仕事です」といってイメージビデオを見せてくれました。そのイメージビデオには、大勢のゲストの笑顔と、そこで働く従業員が映っていました。

家族連れのゲストのお父さんがカメラを持ち、写真を撮ろうとしているところに通りかかったスタッフが自ら声をかけ、家族全員の写真を撮ってあげるというシーンもあります。ビデオを見終わったあとに、インストラクターから説明を受けます。

「みなさんが仲のよい友人や家族と一緒にパークに来たとしましょう。そこで楽しかった思い出を写真に収めたいと思ったことはありませんか?

やっぱり、楽しい思い出を写真に撮るわけですから、全員で写ったほうがいいですよね。私たちスタッフが声をかけ、一緒に来た人全員の入った写真を撮ってあげましょう」

なるほどです。私も説明を受け、また現場のOJTを受けたときにはそう思いました。

しかし、いざ現場で実行に移そうと思っても、なかなかできません。

だって、ふだん見知らぬ人に声をかけることなど、めったにありませんし、昨日まではただのヤンキー……。自分自身の容姿を考えれば、仕方がありません。

そんな私とは反対に、まわりの先輩スタッフや同期のスタッフは、楽しそうにゲストに声をかけ、写真を撮ってあげています。

その姿に触発されて、勇気を出して声をかけようと思うのですが、「断わられたらどうしよう」という思いが強く、結局、声をかけられないまま。

さらに心のなかで、大きなプレッシャーが襲います。

たったひと言、勇気を出して「写真お撮りしましょうか？」と言えばいいだけなのですが、寸前のところで、その〝ひと握りの勇気〟が出ません。

電車やバスなどで、譲りたい気持ちはあるのにお年寄りに席を譲れないのと同じように……。

だんだんと、フォトサービスは私の苦手なことのひとつになっていきました。

撮ってほしけりゃ自分から言ってくればいいじゃんか!!

先輩スタッフの千夏ちゃんは、そんな私を見かねたのかもしれません。


「香取くんさぁ、フォトサービス苦手なの？」

「ええっ、そんなこと、ないっすよ」

「だって、いっつもやってないじゃん」

「えっ、やってるよ」

「うーん、だったら一緒においでよ」


千夏ちゃんは、こう言うと、私をシンデレラ城の前に連れていきました。

「ここなら、いっぱい写真撮っている人いるから、声かけやすいでしょ」

(こいつは鬼だ!!　本当は苦手なの、知ってるくせに……)


千夏ちゃんにあおられ、カップルのゲストに近づく私。千夏ちゃんが見ているので、思い切って声をかけようとするのですが、寸前のところで声をかけられません。

こんなやりとりを何度か繰り返しているうちに、だんだんと腹が立ち、ついに逆切れ!!

思わず千夏ちゃんにくってかかってしまいました。

「だいたい、なんで写真なんか撮ってやんなきゃなんねーんだよ。撮ってほしけりゃ自分から言ってくればいいじゃんか‼」

「じゃあ、香取くんがゲストだったら、自分から『撮ってください』って言える？」

「……」


言えるわけがありません。過去に自分の持っている写真がその証拠です。だって、「全員で写っている写真」なんてないんですから……。

「香取くんと同じで、スタッフに声をかけるのが恥ずかしい人もいるかもしれないでしょ。だから大丈夫だよ」

「でもさぁ」

「もうわかった。もういいよ。そんなにフォトサービスしたくないなら、やんなくてもいいよ。嫌々やられるほうが嫌だもんね。でも、絶対うれしいのにな……」


そう言って、私を尻目に千夏ちゃんは、どんどんフォトサービスを行なっていきました。

断わられるのが怖かった……

なぜ、あんなにも声をかけられなかったのか。

それはおそらく、当時の私は、声をかけて断わられたらどうしようといった、不安な気持ちが心のブレーキになっていたんだと思います。「格好悪いな」とか「おせっかいと思われるんじゃないか」と……。

でも、千夏ちゃんを見ていてわかりました。

なんと、千夏ちゃんも〝断わられていた〟からです。

しかし千夏ちゃんは、断わられても、そんなことは一向に気にしません。怒るどころか、笑顔でこう対応しています。

「わかりました。また写真撮りたくなったら、スタッフに声かけてくださいね」

そしてまた、次のターゲットへ。

〜ゴロゴロ、ビッカーン‼（衝撃の走る音）〜

そうです。私は断わられるのが怖かったんです。

それだけではありません。心のなかに、「俺が撮ってやるって言っているのに」と、サービスではない感情があったことにも気づかされました。

私は、断られてもどんどん声をかけ続ける千夏ちゃんを見ながら、彼女がふだんから〝ひと握りの勇気〟を持っていることを思い出しました。

彼女は、ほかのスタッフが苦手なゲストのお願いでも率先して案内できるし、どのようなタイプのゲストにも、ほかのスタッフよりも一歩深いところまで入っていけるのです。また、彼女に対応してもらったゲストはみんなうれしそうで、そのときの彼女もまたうれしそうでした。きっとそれは、当時の私にはない〝ひと握りの勇気〟を持っていたからだと思います。だからこそ、断わられるのなんて「へっちゃら」で、どんどんゲストに歩み寄っていけたのでしょう。

そしてこの頃、私自身が忘れられない体験をすることになりました。

何気なく声をかけて撮った写真を東京と北海道で大切にしてくれている

その日、パレードの準備の前の時間に、いつものようにお城の横の橋でフォトサービスをしようと歩いていたところ、カメラを構えた中年の女性を見つけました。その女性は、お城をバックに、私と同世代ぐらいの女の子の写真を撮ろうとしている最中でした。

ふだんと変わらず、何気なく「よろしければ、お撮りしましょうか?」と声をかけると、すごくうれしそうに、その2人が「ありがとうございます」と言って、私にカメラを渡してくれます。

お城をバックに2人を写してあげると、中年の女性が非常にうれしそうに近づいてきます。「これでいい思い出がつくれました」と深々と頭を下げ、感謝してくださったのです。

ふだんフォトサービスをしていても、こんなに感謝されたことはなかったので、驚いた私は、そのゲストに自然と話しかけました。

「本日は、どちらからお越しですか?」

「北海道から親子2人で来ました。今年の4月から娘が東京に就職が決まりましてね。今日は、ひとり暮らしを始めるための部屋を探しに不動産屋へ来たんです。それで、もうすぐ娘とは離れ離れでしばらくは会えなくなってしまうので、その前に、一緒に東京ディズニーランドへ遊びに行こう、ということで来ました」

予想もしなかった答えになんと返していいのかわからずにいる私に、2人は深く頭を下げてくれました。私は慌てて、話を続けました。

「もうすぐパレードが始まるんですよ。すごく綺麗で楽しいですから……。ここでも見られますから、見ていってくださいよ」

「あぁ、パレードですか。何時からなんですか?」

「えっと、7時30分からです。ここだと7時45分に到着しますよ!!」

「あら～。残念ですが、その時間はもう。飛行機がありますから……」

「そ、そうですか……。でも、また2人で来てください。そのときにはパレード見ていってくださいね」

後日、私のところに、そのゲストからお手紙が届きました。ビックリです。

手紙には、この間のお礼が書いてあり、最後に、

「一緒に撮っていただいた写真を、東京と北海道で1枚ずつ大切にしています。本当にあ

りがとうございました。

娘とも、また行こうと約束しました。今度はパレードを見に行きます」

とありました。

私が何気なく声をかけ撮った写真を、東京と北海道で大切にしてくれている。しかも、お礼のお手紙までもらうなんて……。

私はこのゲストから「商品を売ったり、アトラクションに乗せたりすること」だけがサービスではなく、こうしてゲストの「思い出づくり」をお手伝いすることも大切なサービスなんだということを深く学びました。

あのとき、一緒にフォトサービスと〝ひと握りの勇気〟を教えてくれた千夏ちゃんがいなかったら、きっといまの自分はいませんでした。

2

本当にお客さまを大切に思うなら

従業員優待券でお盆期間でもパークを満喫できる

私が高校3年生の夏休みに体験した、貴重なお話です。

夏休みは、東京ディズニーランドにたくさんのお客さまが集まるシーズンです。そんななか、長時間勤務者に贈られる優待券を、私や仲間がもらいました。

優待券は、累計勤務時間が最初の500時間を突破した月にもらえ、その後、1500時間、2500時間と、1000時間ごとにもらえます。

この優待券は、半年間の有効期限があるものの、どんなに東京ディズニーランドが混雑し入場制限が行なわれようとも使える、それはそれは便利なチケットなのです。

当時、私が所属していたパレードゲストコントロールは、夜のパレードがメインの仕事なので、勤務時間は通常、夕方からパレードが終了する夜まで。

そこで私たちは、バイトの仲間数人と、どうせ夜に行くのだから、昼間からパークに行き、もらった優待券を使って、仕事が始まる時間まで遊ぼうと考えました。


そして当日。

パークの入り口で待ち合わせた私たちの隣には、入場制限で入れないゲストが長蛇の列をつくっていました。それもそのはず、夏休みのなかでも、もっとも混雑する「お盆期間のど真ん中」だったのです。

その横を、私をはじめ優待券を握り締めた一行は、働く者の特権といわんばかりに涼しい顔で入場します。


「いやぁ〜。気持ちいいね。人がたくさん並んでいるところをさ、入場するって」

「ほんと、働く者の特権だよね」

「ワッハッハッ」


いま考えると、なんて嫌なやつなのでしょう。

パークに入場した私たち一行は、要領よくアトラクションやショーを楽しみます。長く働いている私たちは、この時間どこが混んでいて、どこがすいているのかもわかっていますし、ショーの時間もインプットされ、パレードなんかも何時にどこのエリアに行けば最前列で見られるというのも、知り尽くしているのですから。

そして、お昼のパレードを見ようと、買ってきたピザとコーラを片手に、仲間数人で最前列に陣取ります。

待つこと30分、いよいよパレードの準備が始まりました。

ちなみに、お昼のパレードの準備やかたづけを担当するのは、各アトラクションから集まったスタッフです。それぞれのアトラクションから数人ずつ集まり行なうので、コスチュームもそれぞれ違います。

そんなスタッフを管理するのは、私たちの上司です。つまり、私たちの上司は、昼のパレードと夜のパレードの両方を見るのです。

その日の責任者は、怖い町丸さんと生重さんでした。

私たちは、知っているスタッフや、責任者の町丸さんや生重さんに手を振って、盛り上がっています。パレードも到着し、最前列でパレードを楽しみ、次なるアトラクションへ……。

存分に昼の東京ディズニーランドを満喫して、私たちは出勤しました。

軽自動車で鹿児島から1日がかりで来園する家族もいる

それから数日が経ったある日、天気はあいにくの大雨。

雨が降れば当然、パレードは中止となるのですが、いつ雨があがるかわからないので、スタッフは出勤してパレード中止が決定するまで待機しなくてはなりません。

結局、雨はあがらず、残念ながらパレード開始予定時刻の15分前に中止が決定しました。

通常だと、ここで勤務解消、退勤となるのですが、その日はなぜか勤務解消ではなく、そのままトレーニングセンターに集合となりました。

「なんだ、今日は帰れないのか……」、そんなことを思いながら、みんなとトレーニングセンターに向かうと、責任者の町丸さんと生重さんがいました。

80人のスタッフ全員が着席すると、町丸さんが話し始めました。

「最近、忙しくて、朝終礼でもあまり時間を取って話すことがなかったので、今日は勤務解消ではなく、ミーティングをしようということになりました。

連日、パークには夏休みということもあって、たくさんのゲストが来てくれていますね。でも、残念なことに、たくさんのゲストが来てくれる反面、パーク内の安全上、ゲストの入場制限が行なわれることの多い時期でもあるよね。

みんなは高校生で車両通勤をしていないから、あまり見たことないと思うけど、毎年この時期になると、パークの駐車場には、前の日の夜中からゲストのクルマが到着して、パークがオープンするのを待っているんですよ……。

先日、遅番の勤務が終わり、私がクルマで帰ろうとしたところ、次の日パークに入るために、たくさんのクルマがパーキングの入り口で止まっていました。

なんだか気になって、次の日の明け方はやくに出勤してみると、なんと、いちばん前で待っていたのは『黄色のアルト』だったんです。

『アルト』ってクルマ、みんな知っているかな？　小さな軽自動車です。

軽・自・動・車!!

クルマから降りて近くで見てみると、ナンバーには、なんと『鹿児島』の文字が……。ビックリしましたね。

明け方でしたが、アルトの横では、早起きの子ども2人とお母さんが遊んでいました。聞いてみると、本当に鹿児島から来たそうで、前の日の朝に出発して、高速道路をお父さんとお母さんが交代で運転してきたそうです。

クルマのなかを見ると、死んだように眠っているお父さんがいました。そりゃ疲れますよね。みんなもクルマの免許を取って、長距離を走ってみるとわかりますよ。

ほかにも、大阪ナンバーや青森ナンバーのクルマが、いまかいまかとパークのオープンを待っているんですよ。

私たちはパークのなかで働いているので、目の前の人がどこから来たかなんて、聞いてみないとわからない。でもね、この時期に来てくれる人は、本当に遠くから、時間とお金をかけて来てくれているんですよ。

ようやく起きてきたお父さんからも話を聞いたのだけど、パークで遊んだら、そのまま、また『黄色のアルト』で鹿児島に帰るとのことでした。

たぶん今日も、そういったゲストが来てくれていたかもしれませんね。

残念ながら雨でパレードが中止になってしまったけれど、できることなら、雨でもなんでもいいから、見せてあげたいよね……」

その話を聞いていた私たちは、数日前に優待券を握り締め、涼しい顔で遊んだことがよみがえり、下を見るしかありませんでした。

仕方なく自分の子どもに嘘をつく親の気持ちを考えてごらん

今度は、生重さんが話しだしました。

「夏休みのこの時期になると、パークが混雑して、連日のように入場制限が行なわれます。入場制限を行なっていても、ゲストは遠くから来ているから、当日券がなければ入れないということがわかっていながらも、パークのエントランスまで来るんですよ。

パークの駐車場が満車になると、従業員用の駐車場にゲストのクルマは誘導されます。つまり、従業員駐車場が臨時駐車場になるわけだ。

パーキングのスタッフはゲストに、現在入場制限中で、当日券の販売はしていないことを知らせ続けます。

でも、せっかく来たゲストは、もしかしたらと臨時駐車場までクルマを走らせるんだよ。

そして、従業員駐車場にクルマをとめて、エントランスに向かって歩き、やっぱり当日予約券を持っていないからと説明を受け、あきらめて、また来た道をエントランスから従業員駐車場までトボトボと歩いて帰っていく。


私が従業員駐車場からパークの外側を歩いて出勤すると、パークに入れなかったゲストが、こちらに向かってくるのと遭遇するんですね。すれ違う人はみんな、残念そうに歩いているんですよ。

エントランス付近では、やっぱり入れないことを知らされたゲストが、自分の子どもに、入れないことを話しています。

子どもは『嫌だぁ‼　入りたいよ‼』となりますよね。

このときの親の子どもに対する反応には、2つ、あるんです。なんだと思いますか?」


(……)

「ひとつはね、聞きわけのない子どもに怒るんですよ。

『仕方がないでしょ!! 入れないものは入れないの!!』って」

（一同うなずく）

「子どもは泣きだし、また来た道を帰っていくんです。
じゃあ、もうひとつはどうなると思う？」

（……）

「子どもに嘘をつくんだよ!!」

（???）

「子どもに『嘘はいけません』と言っている親が、子どもに嘘をつくんだよ……。
『○○ちゃん、ミッキーはこっちにいるんだって!!』
『ミッキーに会いに行きましょうね』って……」

（……？）

「ミッキーに会えるわけないいんだよ!!　パークのなかにいるんだから。臨時駐車場にだって、いるわきゃないいんだよ!!

でも、仕方なく親は嘘をつくんだよ。

みんなも、自分が親だったらって考えてごらん。自分の子どもに嘘をつく気持ちをさ……。その気持ちを考えたら、パークに入ったゲストに、なんでもしてあげられるよね」

（……）

「今日は、ちょうどいい機会だから、本当にゲストの気持ちを考えてほしいと思ってミーティングにしました。みんなはどう思う？」

たとえゲストとして来ていても、私たちはここのスタッフなんだ

そこまで話を聞いて、ようやくわかりました。

本当にゲストを大切だと思うなら……。

数日前のあの日、私たちがパークで遊ばなければ、その横で待っていたゲストの数人は入れたのではないかと……。

どうして、パレードの最前列を陣取った私たちのうしろにいた小さな子に席を譲れなかったのかと……。

ゲストとして来たのだから、なにも文句なんかないだろうと思っていた自分たちは、優越感にひたっていました。しかし、たとえゲストとして来ていても、私たちはここのスタッフなのだということを思い知らされる話でした。

このあと、町丸さんの「黄色のアルト」の話と生重さんの「自分の子どもに嘘をつく」の話は代々受け継がれ、いまでは当時の私のような自分勝手なスタッフはいなくなったんじゃないかと思います。

このとき、現場での接客以外の部分で、本当に大事なマナーというか、スタッフとしての姿勢というか、なにかそういったものを感じさせられました。

そして、いつも現場で行なう仕事の意味と、本当にお客さまを大切に思う心に気づかされたような気がします。

3

「うまくなる」よりも大事なこと

いちばん「うまい」ガイドになりたかった

「シンデレラ城ミステリーツアー」の「お城の騎士」のトレーニングも終わり、アトラクションスタッフとなった頃のお話です。

晴れて念願のアトラクションスタッフとなった私は、日々「お城の騎士」として、城内を楽しくガイドしていました。

ガイドは、多いときで1日にだいたい8回~10回前後、ツアーを行なうのですが、ゲストの反応がダイレクトにわかるため、仕事が楽しくてたまりませんでした。

このアトラクションで、もっともうまいガイドだと評判の先輩、愛原さんとも仲良くなり、仕事の最中、そして仕事が終わって帰るときも、ガイドの話が絶えません。

「愛原さん、どうやったら、もっとゲストを笑わせられますかねぇ？」

「うーん、そうだなあ。おまえは身体もでかいから、もっとジェスチャーを大きくやってみると、おもしろいんじゃないの。それと、顔の表情や間の取り方だよね!!」

「なるほど、ジェスチャーを大きく、表情と間かぁ……」


ガイドとしてひとり立ちをしてからというもの、私はゲストを笑わせようと、いろいろなことを試していました。いま考えると、ストーリーと関係のない、くだらないギャグ（シャレ）を言ってみたり……。


ところで、このアトラクションにはひとつの決まりがあります。その決まりとは、「アドリブ」についてです。

ディズニーランドでは基本的に、アドリブはよしとされません。

それぞれのアトラクションには伝えたいテーマがあります。ナレーションブックには、そのテーマをストーリーに沿って伝えられるよう、ガイドがすべきナレーションが書かれています。

勝手にナレーションを変えてしまったり、ナレーション以外の言葉をつけたしたりしてはいけないのです。

しかし、当時の私は、とにかくゲストに笑ってもらいたかった。

そして、自分がいちばん「うまい」ガイドになりたくて仕方なかった。

「アドリブ」は、やってはいけないとは聞いていましたが、そんなものはガイドに出てしまえば誰にもわかるはずがないし、知っているのは私と私のツアーに参加したゲストだけと考えていました。

だから、決まりを守ろうともせず、ただただ「おもしろければ、それでいい」とガイドをしていました。

俺のおもしろさがわからないゲストが悪いんだ!!

1回20分間のガイドを1日に8回〜10回するこの仕事は、身体も疲れ、声もつぶれてきます。ひとり立ちして3か月が経つと、変な話ですが、ガイドをしたくて、このアトラクションのスタッフになったのに、1日8回ですむなら、そのほうがいいなあなどと、考えるようにすらなっていました。

そんなある日、いつものようにガイドをしていて、「このシーンであのギャグを言えば大爆笑だ!!」と思ってやってみたものの、反応がいまひとつ。

「まぁ、今回のゲストだけだろう」なんて思いながら、次のガイドのときにもやってみます。しかし、次のツアーも盛り上がりません。その次のツアーも……。

うまくやろうとすればするほど、ツアーには冷たい風が……（ヒュー）。

いままで、あんなに楽しかったガイドが、私にとって、とてもつらく苦しいものに感じられました。

その日は何をやっても一向にツアーが盛り上がらず、あるグループのガイドを終えた私の耳に入ってきたのは、「なんか、あんまりだったね」というゲストの声……。

落ち込みました。

その一方で、「俺のおもしろさがわからないゲストが悪いんだ!!」と、ゲストのせいにしてしまってもいたのです。

新人のほうが私よりもうまいだって!?

そんなある日、ひさしぶりにトレーナーの生重さんに会いました。

「おぉ、香取!! どう、だいぶシンデレラ城のアトラクションにも慣れてきたんじゃない?」

「……はあ」

「どうしたの、元気ないじゃん!!」

「……」

「なにかあったの?」

「ゲストが笑ってくれないんですよ」

「笑ってくれない? そうか、そいつは困ったね」


なにかアドバイスをくれるのかと思ったのに、生重さんはそのまま去ってしまいました。

そして数日が過ぎ、いつものようにガイドに出ようとする私のところへ、新しいトレーニーを連れて生重さんが現われました。


「香取さん!! 次は香取さんがガイドだよね?」

「あっ、生重さん。ハイ、次は僕がガイドですけど……」

「そっか。じゃあ、そのガイド、新しいトレーニーに代わってくれない?」

「あぁ、もちろんいいっすよ」

「ありがとう。じゃあ香取さんも、トレーニーのガイドに、いちばんあとからついてきてよ」

生重さんのトレーニーにガイドを譲ることになった私は、そのトレーニーがガイドをするツアーの最後について1周することになりました。

生重さんはなにも言わず、私と一緒にツアーのうしろからついていきます。私は、3か月前のトレーニングを受けていた当時の自分を見ているようで、なんだか気恥ずかしくなりつつ、ナレーションを忘れて落ち込んだときのことを思い出しながら回っていきました。

無事ツアーが終わり、生重さんが私に近寄ります。


「どう!! うまかったでしょ？」

「はあ、僕の最初の頃よりかは」

「違うよ、いまの香取よりもうまかったでしょ!!」

「へぇっ!? いまの僕よりですか？」

「そう!! うまかったね」


そう言い残して、生重さんはトレーニーと一緒に消えていきました。

正直、生重さんの言った言葉には頭にきました。だって、昨日今日入ってきた新人とくらべられて、そのうえ、いまの私より「うまかった」だなんて……。

ヘタでもいいんだよ

その夜、勤務が終わると、生重さんがオフィスで待っていました。

先ほどの言葉が気にくわないのもあって、生重さんに挨拶もせずオフィスを出ようとしたところ、生重さんが呼び止めます。

「香取!!　なんでシカトすんだよ!!」

「(むくれながら)あぁ、オ・ツ・カ・レ・さまでした!!」

「おまえ、なに怒ってんだよ」

「べつに怒ってないですよ!!」

「まぁ、ここに座れよ」

気分の悪い私は、ふくれっ面で生重さんの机の前に座りました。

「おまえが怒ってんのは、さっきのことだろ!!」

「……はあ」

「おまえ、さっきのトレーニーのガイドを見て、なにか感じたことない?」

「……別に、ありませんけど」

「はあ、そっか……。

あのな、さっき言ったことは本心だよ。いまのおまえよりうまいって」

「いまの俺のガイドを見てもいないのに、そんなのわかんないじゃないですか!!」

「うん、見なくてもわかるよ」


しばらく沈黙が続きます。


「このアトラクションのガイドに必要なのは、うまさなのか？　本当にうまいやつが必要だと思っているのか？

本当にうまいやつが必要なら、俺らみたいな素人にはやらせないんだよ!!」

「素人？？？」

「そう、俺たちはみんな、演技の勉強もしたことのない素人だろ。その証拠に、エンターティナーのようにオーディションがあるわけでもないじゃん。

でも、なんでそんな素人に、たかが5日間のトレーニングでやらせるんだと思う？」

「……」

「ヘタでもいいからなんだよ!!」

「ヘタでもいい？」

「そう。このアトラクションで必要なことは、どんなにヘタでもいいから〝一生懸命〟にやることなんだよ」

ビックリです。だって、ヘタでいいって……。ゲストから時間もお金も取っておいて、ヘタでもいいって？　そのときの私には、理解ができませんでした。

一生懸命にやっている姿が価値を生むんだ

「今日のトレーニーは、まだ4日目。ヘタだったろう？　でもな、いまのおまえにはない〝一生懸命さ〟があったよね。だから、ゲストも感動してくれたんじゃないのかな？

言ってみれば、このアトラクションはつくりものなんだよ。ゲストもみんなわかってる。でも、そのつくりものを本物として、一生懸命にやっている姿が、ゲストにとっておもしろいし、価値を生むんじゃないかと俺は思う。

いまのおまえは、何百周もガイドを回ってきて、手を抜くところを自然と身につけてしまったんだな。そんなの、ゲストはすぐに見破るよ‼　だからおもしろくないし、一生懸命さが伝わってこないんだよ。うまくごまかそうとしているガイドなんだよな」

「……（ガァァァン）」

「香取、最初の頃を思い出してみな。ヘタだったおまえは、なんとかゲストを楽しませようと、必死に、一生懸命にガイドをしていたでしょ。

でもいつからか、小手先のスキル（技術）を身につけて、うまくやろうとしているだけになってないか」

「……」

「俺たちは、まだまだプロじゃない、プロにくらべたら、表現力や話術なんて、全然かなわない。でも、一生懸命に全力ですべてのガイドを回ることはできる。そこが、いまのおまえになくて、今日のトレーニーにはあったんだな。

うまくやろうとしなくていいんだよ。おまえが最初にデビューした頃のように、いつでも全力で一生懸命にやればいい」

いま目の前にいるゲストに対して一生懸命になれ!!

そのとおりでした。

デビューしたての頃の私は、なにもわからず、ただただ一生懸命にガイドを回っていました。しかしそれが、いつしか、うまくやってやろうとしたり、なるべくガイドを回る回数を減らそうとしたり……。最初の頃を忘れてしまったのです。

「いいか香取、これはガイドだけじゃないぞ。いつでも、いま目の前にいるゲストに対して一生懸命になることが大事なんだよ‼　がんばれよ‼」

この話をキッカケに、ガイドも、それ以外のものも、一生懸命にやることをいつでも実践するようにしました。そしてそれ以降は、元どおりの楽しい毎日に戻ることができたのです。

もしかしたら、みなさんのなかにも、一生懸命さや新鮮さを大切に思われた経験をお持ちの方もいらっしゃるのではないでしょうか。

「一生懸命にやること」

これが、どれほど大切なことなのかを思い知った出来事でした。

4 ゲストの「楽しい思い出」を大事にしたい

簡単そうに見えるけれど安全上の配慮もしている

これはクロストレーニング先のゴーカートのアトラクションで私の先輩トレーナーだった宇田さんから聞いたお話です。

ゴーカートのアトラクションは、比較的操作が簡単です。コース上にガイドレールがあり、ゴーカートはそこからはずれないようになっているので、クルマの免許を持っていない人でも運転できます。

運転方法も簡単で、アクセルを踏んでハンドルを操作するだけ。ただ、通常のクルマと違うのは、ペダルがひとつというところ。ペダルを踏めばアクセルとなり前へ進み、ペダルを離すとブレーキがかかるわけです。

しかし、慣れないと頭のなかがゴチャゴチャになり、止まりたいのにペダルを踏んでしまい、さらに加速して前のゴーカートへ追突……ということもあります。

この追突で首を痛めるケースもあるので、ゲストには乗降エリアの手前で必ず、いったんゴーカートを停車してもらいます。その後、私たちスタッフがゴーカートの横に乗ってペダル操作をしながら、安全に乗降エリアへ誘導します。

簡単な仕事に見えるかもしれませんが、屋外のアトラクションということもあり、暑い真夏ともなると、立っているだけで汗が滝のように流れ、ゴーカートのエンジン音で頭のなかが「ボー」としてきます。

話は、そんな暑い真夏のことでした。

集中力が途切れたその一瞬に追突事故が!!

その日、いつもと同じように宇田さんは、朝から全開で仕事をしていました。乗降エリアの手前のところに立ち、いったん停車するようゲストに声をかけます。

「ハ～イ、ストップ～～ゥ。ペダルから足を離してくださ～い」

しかし、照りつけるギラギラ太陽と、耳をつんざくようなゴーカートのエンジン音で、どんどん集中力は奪われていきます。

いつもなら、強い精神力で集中を保っている宇田さんでしたが、一瞬、集中力が途切れてしまった、その瞬間でした……。

ガッシャーン!!

突然、クルマのぶつかる大きな音が響き渡りました。

乗降エリアの手前にいた宇田さんは、とっさに身をかわしましたが、集中力が途切れていたせいか、一瞬なにが起こったのかわかりません。

音がしたほうへ顔を向けると、前方に停車していたゴーカートに、後方から別のゴーカートが追突している図が目に飛び込んできました。

宇田さんは、すぐに前方のゴーカートに駆け寄ります。

「大丈夫ですか？　ケガはなかったですか？」

「大丈夫ですよ」

「本当にすみませんでした」

うしろのゴーカートにも行こうと目をやると、そこにはすでに、責任者の白さんがいて、ゲストと話をしていました。大きな音がした瞬間に、白さんも駆けつけていたのです。

幸い、ゲストにケガはなく、宇田さんと白さんで一緒にそのゴーカートを乗降エリアまで誘導すると、ゲストは笑顔で帰っていきました。

ゴーカートのお姉さんを轢いちゃったら楽しい思い出じゃなくなっちゃう

しかし、宇田さんの心のなかは晴れません。

どうにか気持ちを立て直し、仕事を続けようとしたところ、別のスタッフが、「宇田さん、白さんが呼んでいるから交代するよ」と言って、ポジションを代わってくれました。

「白さんに叱られる」と、がっくりと肩を落とし白さんのところへ行くと、白さんが駆け寄ってきました。

「宇田ちゃん、大丈夫か？　白さん心配しちゃったよ!!」

「はあ……すみませんでした……」

「ねぇ宇田ちゃん、なんで白さんが心配したかわかる？」

「……はあ、私がゴーカートに轢かれたんじゃないかと思ってですか？」

「そう!!　白さんね、宇田ちゃんがゴーカートに轢かれてケガしたんじゃないかと思って……もう、心配しちゃったんだよ。でも、なんともなくて白さんホッとしたよ!!」

「すみませんでした……」


「あともうひとつ、白さんが心配していたことがあるんだよ。宇田ちゃん、わかる？」

「もうひとつですか？」

「そう、宇田ちゃんが轢かれたんじゃないかと同じぐらい心配していたこと……」

「うーん。ゲストがケガをしたんじゃないか……ですか？」

「そう!!　それも心配だったよね。でも、白さんが心配していたのは、そのゲストの思い出なんだよ!!」

「思い出……ですか？」

「そう!!　だって、いままでパークのなかで楽しい思い出をたくさんつくったのに、このアトラクションに来てゴーカートのお姉さんを轢いちゃったとしたらさぁ……。いままでの思い出がなくなって、このパークでゴーカートのお姉さんを轢いちゃったっていう思い出しかなくなるでしょう。そしたら、楽しい思い出じゃなくなっちゃうでしょ!!」

この話をはじめて聞いたときは、本当にビックリでした。だって、ゲストの思い出のことを心配していただなんて……。ふだんは偉そうに「ゲストの立場に立って……」と言っていた自分が、とたんに恥ずかしくなりました。

本当の原因はなんだったと思う?

その後、白さんと宇田さんで、今回の追突の原因はどこにあったかを考えたそうです。

「宇田ちゃん、なんで今回の追突が起こったと思う?」

「……。私がダレていて、ストップサインが中途半端だったからだと思います」

「そうだよね!! 白さんね、追突が起こる前に宇田ちゃんを見ていて、ちょっとふだんよりも元気がなくなってきたなあって思っていたんだ。だから、励ましに行こうと思った瞬間に、追突しちゃったんだ。

宇田ちゃん、ごめんね。もっとはやくに気がついてあげればよかったよね。

それでね、白さんなりに、本当の原因はなんだったのか考えたんだ。なんだと思う?」

「……わかりません」

「白さんが思うに、あのときの宇田ちゃんのストップサインには、愛がなかったんだと思うよ」

「愛!? ですか?」

「そう!! いつもだったら、指先までしっかりと愛を持ってきちんとストップサインを出すでしょ。だけど、さっきの宇田ちゃんのストップサインには、指先まで愛がいってなかったんだと思うんだよ。

だから、これからは、指先にも愛を!! ねっ!! これでがんばっていこうね!!」

これをきっかけに、私たちは毎朝、朝礼のときに「今日も元気に追突ゼロ!! 指先に愛を!!」と全員で声に出し、ストップサイン(腕を上と横にまっすぐ出す)を練習してから現場に出るようになったのでした。

5 サービスは掛け算なんだ

巨人が優勝したら近所の人とビールかけ

ここでちょっと、白さんの性格がわかる、おもしろいお話をしましょう。

白さんが住んでいるのは東京の下町。ちゃきちゃきの江戸っ子!! とにかく人と交わるのが大好き!! 白さん家には人が入れ代わり立ち代わり訪れて、いつもにぎやかです。

また、野球ではとくに巨人が大好きで、巨人が優勝しそうなときには庭にテレビを持ち出します。その横には、ビールが1ケース……。

優勝が決まると、白さんの家族や親戚、さらにはなんとご近所の方も混じっての大ビールかけ大会をやるのです（笑）。

白さんの口グセは、「そう!!」。

「これ、白さんのペンですか？」

「そう!!　どれ？」

（おいおい、いま「そう」って言っただろうって……）

挨拶は先手必勝なんだよ

白さんは、ものの見方がとてもユニーク。

「白さん!!　ちょっといいっすか？」

「うん、香取、どうした？」

「最近の新しいスタッフは、挨拶もろくにできないっすよね（怒）」

「えっ、そうかなあ？」

「そうですよ!!　全然先輩の俺たちに挨拶してこないっすよ」

「う～ん。それは、香取が挨拶してあげてないからだよ!!　僕が挨拶したら、ちゃんと返してくれるもんねぇ」

「……いや、挨拶は後輩からするもんでしょ!!」

「香取ぃ、それは違うよ。挨拶は先手必勝なの。挨拶をしてほしかったら、自分からしていかないとダメだよ!!

だって、お客さまのほうから『いらっしゃいました』って、先に言われちゃダメでしょ。それと同じなんだよ」

「なるほど、挨拶は先手必勝かぁ……」

せっかくいい「気づき」を持ったんだから

きわめつきは、なにかあると「係」とか「○○委員会」ってするのが大好き!! 私がゴーカートのアトラクションにいたときも、安全意識についての熱い思いをぶつけると……。

「白さん!! いまのスタッフには安全意識が足りないですよ!! もっと安全に気を配るように白さんから言ってくださいよ!!」

「そう!! 香取、白さん待っていたよ!! 絶対に香取なら気がつくってね!! 香取がそこまで成長したんだなって思うと、も〜、白さんはうれしいよ!!」

「へっ……。いや、白さんになんとかしてほしいんですよ!!」

「そう!! だからね、香取がせっかくいい〝気づき〟を持ったんだから、ここはね、香取が安全委員長としてね、このアトラクションのスタッフ全員が安全に気を配れるようにしていこう!!」

「いゃ、あの、白さんになんとか……」

「そう!! ねっ!! それがいいね。香取がそこまで熱くなるんだったら、白さん全力で応援しちゃうからね!!」


その日から私が安全委員長となってしまったのは言うまでもないでしょう。

……どうです。白さんって、こうしていろんな係や委員会をつくってしまうんです。けれども白さんは、決して計算してこうしているのではないんですよ。いっつも真剣にこうしてしまうところに、白さんの白さんらしい人柄が感じられ、うらやましくなります。そんなところが、私が白さんを尊敬してしまう理由かもしれません。

不注意で交通事故！　でもバラを持っていかなくちゃ

白さんから教わったなかでも、私が大事にしているお話です。

当時、私が担当していたのは「シンデレラ城ミステリーツアー」。お城のなかをガイドになって案内するアトラクションです。白さんは、シンデレラ城のあるファンタジーランドの総責任者（スーパーバイザー）でした。

その日は、私の担当していたシンデレラ城の責任者の低田さんが人事異動で、お城での勤務が最後の日でした。

低田さんには非常にお世話になったので、その日のスタッフ全員で、終礼時にお城のなかで、ひとりずつ感謝の気持ちを込めて低田さんにバラの花を1輪ずつ渡そうと、内緒で計画していました。

スタッフで話し合い、バラを用意するのは私の役目になりました。そこで、花屋さんにバラを40本注文し、当日の勤務の前に取りに向かいました。

花屋さんから40本のバラを受け取った私は、クルマに積んで出勤。いつもと変わらない、毎日の通勤ルートを、40本のバラを積んでクルマを走らせます。

ちょっと道が混んでいたので、裏道から抜けようと進路変更をした、まさにそのときでした。

ガッシャーン!!

私の後方不注意で、うしろから来たバイクと接触事故を起こしてしまったのです。
すぐにクルマを降りてバイクの運転手さんに駆け寄り、救急車を呼びました。幸い、スピードがほとんど出ていなかったので、大ケガには至らず、バイクの運転手さんは病院で検査を受けただけですみました。

会社に電話をして事情を説明し、事故処理が終わってからもう一度、連絡することを約束しました。

事故処理も終了し、バイクの運転手さんの病院にも行き、なんとか冷静さを取り戻し、ふと我にかえると、クルマには40本のバラ……。

「そうだ!! 今日は低田さんの最後の日。はやく出勤して、バラを持っていかなくては」

すべて終わったところで会社に電話をすると、電話口に出たのは、白さんでした。

「おぉ、香取、大丈夫か?」

「はい、すみませんでした」

「そうか。白さん、みんなで考えたんだけど、今日は香取、出勤しなくてもいいぞ」

「いや、今日はどうしても出勤しないといけないんです。だから、いまから行きます」

「こっちは大丈夫だから無理すんなよぉ。なんで、どうしても来なきゃいけないんだ？」

「……じつは……今日は低田さんが最後の日で、花を持っていかないといけなくて……」

「……そうか。わかった。だったら、気をつけてゆっくり来いよ。そして、オフィスに着いたら、まず白さんのところに来てくれ。約束だぞ!!」

「ハイ」


その心のコンディションでは、お客さまの前に立っちゃいけないと思うんだ

白さんに言われたとおり、ふだんより気をつけてクルマを運転しオフィスに向かい、白さんのところへ行きました。


「おぉ、香取、大丈夫かぁ!!」

「はっ、はい。なんとか……」

「白さんね、本当は今日、香取の心のコンディションがよくないから、休んでもらおうって決めていたんだよ」

「……心のコンディション？」

「そう!!　たぶん、いまは大丈夫なふりをしていると思うけど、けっこう香取の心の動揺はあると思うんだ。だから、その心のコンディションでは、お客さまの前には立っちゃいけないと思うんだよ」

「……」

「あのね香取、〝サービスは掛け算〟なんだよ!!」

「……えっ？　サービスは掛け算？」

「そう!!　ここには、たくさんのゲストが遊びに来ているよね。白さんが前に聞いた話なんだけど、ここでのサービスっていうのは、掛け算なんだって」

「はあ……」

「ゲストがエントランスから入ってくるでしょ。そこでエントランスのスタッフに気持ちのいい笑顔で対応されるとするじゃない。その後、アトラクションでスタッフに一生懸命にサービスされて、気持ちのいい体験をするよね。そしてまた、ほかの場所で、ほかのスタッフに……。

そうやって、たくさんのスタッフにサービスされると、そのゲストの楽しかった思い出は、倍に倍にとなってくるでしょ!! だから〝サービスは掛け算〟なんだって!!」

「……なるほど」

「でもね、掛け算だから、どこかでゼロを掛けるとどうなる?」

「ゼロですね……」

「でしょ!! だから、心のコンディションが大切なんじゃないかと白さんは考えたんだ。決して香取がゼロを掛けると思っているわけではないけど、いまの香取のコンディションは、通常とは違うんじゃないかなあと思ってね」

「……はい」

「だから、今日はゲストの前に立たないほうがいいんじゃないかと考えたんだよ!! 低田さんへの花束は白さんが持っていってあげるから、香取は終礼の時間まで、オフィスでこの仕事をしておいてくれ。そして今日は、パーク閉園後に白さんと一緒にお城に行こう!!」

私は言われたとおり、オフィスでの仕事をすることになりました。

関わっている人の思いがバトンとなって次々と伝わりふくらんでいく

パークが閉園したあと、白さんが迎えに来てくれ、お城まで話しながら移動しました。

「香取!! そろそろお城に行こうか!!」

「ハイ!!」

「香取、ありがとうね。きっとね、㭍田さんも喜んでくれるよ。さっきの花は、もう準備しておいたから……」

「ありがとうございます」

「㭍田さんは、香取のこと、心配していたぞ!! でも、ちょっとうれしそうだったけどね。本当は、勤務のない者は現場に出ちゃいけないんだけど……。まぁ、白さんが知らなければいいことだからなぁ」

そう言い残して、白さんは私をお城まで送ってくれました。

お城に着くと、㭍田さんが心配そうに待っていてくれました。

私は、㭍田さんに心配をかけたことを謝り、㭍田さんの最後の終礼に参加しました。

終礼後、用意しておいたバラを1本ずつスタッフが持ち、お城のなかで一人ひとり感謝を込めて低田さんに手渡します。

最後に私が渡し、ひと言「お疲れさまでした」と言うと、低田さんが小さな声で言いました。

「香取さん、ありがとうね。白さんから全部聞いているから……。本当にありがとう」

こうして、私たちスタッフ全員で無事に低田さんを見送ることができました。

このとき、白さんが教えてくれた「サービスは掛け算」っていう言葉が、深く心に染み渡りました。

関わっている人の思いが、バトンとなって次のスタッフに渡り、掛け算のように、倍に倍にとふくらんでいく……。その思いを受け取るのはゲストだけでなく、私たちスタッフにも戻ってくるのです。

白さんは、ゲストのことを考え、同時に私のことも考えてくれたんだと思います。そんな白さんのやさしさと、ゲストの前に立つための厳しさを教わったような気がしました。

Column 3

いま目の前にいるゲストに全力で接すること

東京ディズニーランドには「シンデレラ城ミステリーツアー」というアトラクションがあります。このアトラクションではゲストのひとりを「ヒーロー」に選び、最後に魔法の剣で悪の大王をやっつけてもらいます。そしてヒーローには、ヒーローメダルがプレゼントされます。

その昔、たまたまヒーローに選んだゲストのなかに、難病で、もう二度と東京ディズニーランドに遊びに来ることができないかもしれない子どもがいたそうです。

その子は、見た目では病気とはわからないため、私たちキャストも、お母さんからの手紙を読むまで、この話を知りませんでした。

ヒーローに選ばれたその子は、最後にもらったヒーローメダルを首からさげて、大喜びだったそうです。

病院に戻ってからも、病院の先生や看護師さん、お見舞いに来た人たちに、「僕はシンデレラ城で悪の大王をやっつけたんだ‼　だから、病気だってやっつけちゃうよ‼」

と、いつも自慢げに話していたそうです。

しかし、その子は天国へ……。


この話を先輩から聞いたとき、その子の短い人生のなかで、東京ディズニーランドでの出来事が大切な思い出になっていてほしい……と、心から願いました。


私たちができる「サービス」とはなんでしょう。ゲストの期待を超えるサービス、「本当のサービス」を提供するには、どうしたらいいのでしょう。

どんな人にでもできて、だけどとても大切な最低条件――それは、「いつでも絶対に手を抜かないこと」「いま目の前にいるゲストに全力で接すること」です。

だって、いま私たちの目の前にいるゲストは、もう二度と来られないのかもしれないのだから……。

第4章

テーマパークはいろいろなことを教えてくれる

1

自分の言っていた「サービス」って

ゲストサービスの見本になろうと自信満々で乗り込んだ

私がSHUU研究所に入社し、九州のテーマパークに常駐になった24歳のときのお話です。当時の私は東京ディズニーランドを卒業したばかり。常駐先での仕事は「現場サービスの向上」で、私がいままで体験したノウハウなどを活かして、現場スタッフと一緒になって働き、ゲストサービスの見本になろうとの使命感に燃えていました。

そのパークには、現場運営に6つのセクションがありました。アトラクション、フロント、セキュリティ（警備）、レストラン、ライフガード、それにアメニティ（清掃）です。最初に全セクションを1か月ずつ、現場に配属されるアルバイトの方と一緒にトレーニングを受け、働くことにしました。

それぞれのセクションでは、毎日の勤務が終わると、その日の現場で働いていて気づいた点や問題点などを業務日誌（Ａ４判で2ページ）に書き、東京にいる上司に提出します。月末には、日々の業務日誌から、そのセクションで働いてみて気づいた点をまとめ、報告会を行ないます。

そういうかたちで6つのセクションを順番に、現場で見ていくことになったのです。

最初のセクションはアトラクションでした。

前職はアトラクションの出身ですから、自信満々です!!

次のセクションはセキュリティでした。

現場の警備が仕事だと思いきや、パークでの拾得物や遺失物も担当するとのこと。ゲストの落とし物が無事に届いたときなどは、それはもう感動でした。

ことあるごとに「ゲストのためにはさぁ……!!」「やっぱりサービスはね……!!」など、得意になって言いながら、仕事を回っていきました。

その次に配属されたのが、アメニティセクションです。

ここでも「ゲストのために」の気持ちは変わることなく、「どうだ!! 俺はすごいだろう!!」と言わんばかりに乗り込んでいきました……。

トレーニングをしてくれたのは16歳の女の子

アメニティセクションでのトレーニング初日。

私を迎えてくれたのは、夜間高校に通う16歳のアルバイトの女の子、舩橋さんでした。

「はじめまして香取さん!! 舩橋です。今回、香取さんのトレーニングを担当してって言われたんですけど……。なんか、私が香取さんのトレーナーっていうのも変ですよね(笑)」

「いやぁ〜。そんなことないですよ!!」

「そうですかぁ〜? では、さっそく始めさせてもらいますね。香取さんはもうご存じかと思うんですが、アメニティがどんなお仕事をするのかを簡単に説明しますね!!」

こうして彼女は、やさしい口調でわかりやすくアメニティの仕事を説明してくれます。

「……というわけなんです。それでは、今日は最初にゴミの分別からやりましょうか!!」

「ハイ!!」

私と舐橋さんは、ゴミの集積場に向かいます。

いままで、ゴミの集積場があることは知っていましたが、なかに入ったことはありませんでした。そして、いよいよその扉が開かれることに……。


（ガラガラ……）


「うっ!!　くっせぇ〜っ!!　あっ、ごめんなさい」

「(笑)。ふふふっ、最初はみんな、そう言いますよ!!　でも慣れてくると、この部屋、涼しいから好きになりますよ!!」

（マジかよ……〜心の声〜）

「それじゃあ、これから、ここでゴミの分別をしていきましょう」

「えっ!?　ここで!!」

「当たり前じゃないですか!!　まさか、ゲストの見ている前ではできないですよねぇ。それでは、こっちの袋は香取さんの担当ですよ!!」

そう言って、ゴミのいっぱい詰まった袋を手渡します。舐橋さんも、自分が担当するゴミ袋を手に取ります。

そしてこのあと衝撃が……!!

大丈夫ですよ!! あとで手を洗いますから

「ハイ、では袋を開いてください」

「……はあ……」

「このゴミ袋のなかには、燃えるゴミと燃えないゴミが混ざっているんです。だから、これから、それを分けていきますね」

「……」

「これはヨーグルトのビンなので、取り除いて、あとで洗っておきます。それから、この小さいのはコーヒーに入れるミルクのパックですから、燃えないのでこっちに!! あっ、コーヒーをかき回すスプーンも燃えないです。

あれ～。これは得体の知れない物体ですね……。こういうのは燃えると思うので、このままにしときましょう（笑）。では、香取さんもやってみてください!!」

「……すっ、素手でやるんですか?」

「あぁ、大丈夫ですよ!! あとで手を洗いますから（笑）。さぁ、始めましょう」

「……は・い……」

私は、ゴミを持つ指を親指と人差し指に限定して、なるべく触る面積を小さくするようにして作業を続けました。当然、そんなふうに作業をしているので、1袋が終わるのに相当な時間がかかります。

そんな私を横目に、低橋さんは黙々と作業をし、どんどんゴミ分別を進めてしまいます。終わって見ると、私の分別したゴミ2袋に対し、低橋さんは6袋以上終えていました。

「さぁ!! これでゴミの分別作業は終了です!! 香取さん、どうでした? ごめんなさいね。こんな仕事を香取さんにお願いして」

「いっ、いやぁ〜。大丈夫ですよ……」

「それじゃあ、手を洗って、今度はレストルームの清掃をしに行きましょう」

「……レストルームって、便所掃除ですよね?」

「ハイ!! 今日はあまりお客さまもいらっしゃらないので、練習ですかね(笑)」

「……はあ……」

手袋なんかしている時間はないですよね

トレーナーの低橋さんと私は手を洗い、レストルームへ……。

「レストルームのお掃除をやってみましょう!! これからやるのは、定期巡回時にトイレが汚れていた場合に、その汚れをお掃除して、ゲストに気持ちよく使ってもらうために行なうんですよ!!」

「……は・い……」

そして、男性用トイレの大便器へ……。個室の扉を開けて、トイレットペーパーの残量を確認し、同時に便器の汚れをチェックします。

すると、私の祈りもむなしく、アウト・オブ・バウンズの便器を発見!! (うぉぉぉ!! マジかよ……)

「香取さん、では、この汚れている便器で練習してみましょう!! いまから私がやりますから、覚えてくださいね!!」

「はい……」

低橋さんはそう言うと、トイレットペーパーと、手にしている薬品スプレーで、綺麗に掃除をし始めます。

「低橋さん、これも素手でやるんですか？」

「えっ!? そうですよ。手袋なんかしている時間はないですよね!! なるべくはやく綺麗にしてあげることで、次のゲストが気持ちよく使えるじゃないですか（笑）」

「……そっ、そうですよね（汗）」

「どうです？ いまのが、汚れていた場合の清掃の仕方です。では、次は香取さんにやってもらいますね!!」

「はい……」

そして次のレストルームへ……。

トレーナーに教わったとおり、個室のチェックを行ないます。すると、最後の個室の便器が詰まっていたのです。

「低橋さん!! あの～」

「なんですか？」

「そこの便器、詰まっているみたいで……」

「あらぁ!!　そうなんですよ、ここはよく詰まるんですよね」

「こういう場合はどうすれば……」

「本当はスッポンを使うんですけど、ここの場合はスッポンだとダメなんですよ」

「えっ!?　じゃあ、どうするんですか？」

「ここは私がやりますから大丈夫ですよ!!」


　柢橋さんはそう言うと、ゴミ袋を3枚出して、それを3重に……。そこに手を入れたかと思うと、その状態のまま、ふつうに便器のなかへ手を入れたのです!!

　そして、なにやらごそごそし始めました。


「……取れたぁ!!　これでよし!!

　この便器は、ちょっと流れが悪いんです。だから、これで詰まっているのを取ってやると流れるんですよ!!」

この光景を目の当たりにしたとき、はたして自分に同じことができるのかと、不安になってしまいました。

ゲストサービスだったら誰にも負けない自信を持っていたのに

そんなこともありながら、トレーニングが終了。ほとんど放心状態の私は、気がつくと東京の上司へ電話をしていました。

「内藤さん、やっぱり、もう無理です（涙）」

「なんだよ!!　どうしたんだ？」

「アメニティのスタッフに、現場サービスの向上なんて、教えられるわけないじゃないですか!!」

このときまで私は、ゲストサービスだったら誰にも負けない自信を持っていました。

ところが実際は、10歳も年下の女の子が、嫌な顔ひとつせずに、自分の仕事に誇りを持って一生懸命作業し、私にもやさしく教えてくれている……。でも、教えてもらえばもらうほど、自分の言っていたサービスなんて、ほんの一部分だったってことを突きつけられているような気がする……。

ショックでした。

この日の出来事で、私はこれまでの自信をすっかりなくしてしまったのです。

2

本当の自分と直面させられる

これを見なかったことにすれば……

九州のテーマパークで16歳のトレーナーの舐橋さんからひととおりのことを教わり、いよいよひとり立ち（デビュー）を迎えた私でしたが、その後ひとりで巡回をするにつれ、自分のサービスの限界をあらためて思い知ることになりました。

通常、トレーニング期間中の4日間は、トレーナーと一緒にトイレやゴミ箱のゴミ回収などを回ります。しかし、トレーニングが終了しデビューしたあとは、ひとりで回ります。

デビュー初日……。

その日の勤務は早番。パークがオープンする前からいろいろと準備を行ない、来てくださるゲストの方がパークで快適に過ごしていただけるよう、掃除をします。

パークオープン後の私の役割は、遅番の交代が来るまで、パーク内のレストルームを決められたルートで巡回し、汚れがあれば掃除することです。

私は、トレーニングで教わったルートのとおりに巡回をしていきます。朝はゲストもあまりいないため、さほど汚れはありませんでした。

お昼ご飯を食べ、また巡回をしていたときのことです。

もともと、カメラサービスやゲストの道案内など、そういったサービスは、得意中の得意!!　次のレストルームへ行くまでの間に、さも得意げにゲストサービスをする私……。

そして、気分よく次のレストルームに入りました。

先ほどと同じように、トイレットペーパーの残量を確認し、大便器の汚れをチェック。

すると、そこに便器からアウト・オブ・バウンズしたものが!!

「うわぁ!!　どうしよう……。

これも綺麗にしないといけないいんだよなぁ……」

……っと、次の瞬間、私の脳裏に悪魔のささやきが……。

「いま、このレストルームには、俺しかいないんだよな!! だったら、これを見なかったことにすれば……」

トイレ巡回では、そのトイレごとにチェックシートがあり、何時何分に誰がチェックし、どんな作業を行なったのかを、それに記録します。しかし、そのシートは自分自身で書くわけで、嘘を書いてもほかの人にはわからないのです。

「うわぁっ、俺、なに考えてんだ!! スタッフの見本にならなきゃいけないのに……」

そう思いながらも、なかなか作業できない私……。その狭い個室のなかで葛藤を続けること約5分。ようやく、意を決して作業をし、次のレストルームへ。

しかし、私の頭のなかでは、先ほど考えてしまった、あの「悪魔のささやき」がどうしても離れません。ふだんは「ゲストのために」などと偉そうに言っておきながら、サボろうとした自分自身に、心の底から落ち込み、すっかり自信を失ってしまいました。

自分の得意としていたサービスが、ほんの一部でしかないことを知ったからです。

自分ではサービス業に向いているって思っていたのに……

その数日後……。

私はなんとか、「悪魔のささやき」を感じてしまった自分自身を奮い立たせ、レストルームの巡回を行なっていました。

トイレの個室のチェックと掃除をすませ、いつものように、洗面台にある4つのシンクの水滴を右端から雑巾でふきあげていました。そして、あとひとつで作業終了というそのとき、ゲストが手を洗いに来たのです。

そのゲストは、私が作業を終えて綺麗にしたシンクで手を洗い、レストルームから出ていきました。その姿を見送りながら、私の心のなかにはある感情が生まれていました。

「なんだよなあ。せっかく綺麗にしたのに……。こっちが掃除しているの、わかってんだったら、まだ掃除していないほうを使ってくれればいいのに……」

ブツブツ言いながら、ゲストが使ったシンクの水滴を、また雑巾でふきあげたとき、ぞっとしました。

「うん!?　ちょっと待てよ。
なんで俺は、綺麗にしたシンクを使ってくれたゲストに怒ってんだ!!
ゲストに気持ちよく使ってほしいのだから、いまのはよかったんだよな……」

そしてまた、自分が思ってしまった感情に押しつぶされそうになってしまったのです。

「俺って、自分ではサービス業に向いているって思っていたのに……。
結局、便器の汚れもそうだし、シンクのことも……。
現場サービスの向上とかいって、俺にはそんなことできねぇんじゃ……」

私は、さらに自信を失い、落ち込むことに……。

いつのまにか作業が中心になってしまって本当の意味を忘れちゃう

いろいろ考えたあげく、生まれてはじめて、自分より10歳も年下の16歳のトレーナーに相談しようと、低橋さんのところへ行きました。

「……あの……」

「あっ!!　香取さん。どうしたんですか？　そんな浮かない顔して!!」

「……じつは、いま、ひとりで巡回しているじゃないですか。便器が汚れているのを見たとき、誰も見てないからサボってもいいかなって考えちゃったんですよ（恥）」

「あら!!　それでサボっちゃったんですか？」

「いや……。一応、そのあとに綺麗にしたんですけど……。でも、そんなふうに考えてしまう自分が嫌で……」

「なんだぁ!!　そのあと、ちゃんと掃除できたんなら、そんなに悩むことないですよ!!　私だって最初の頃、見なかったことにしようかなって思ったことありますもん!!」

「えっ!!　低橋さんでも、そんなときがあったんですか？」

「はい……。いま思うと恥ずかしいですけどね（笑）。でも、みんな最初はそうなんじゃないですかね!!

とくにこの仕事って、自分自身と直面させられますもんね!!　そこからどうするかが大事なんじゃないかなって私は思いますよ!!　香取さんなら、きっと大丈夫ですよ!!」

「……あぁ、でも、もうひとつあるんですよ」

「もうひとつって!?」

「レストルームの洗面台のシンクを掃除していたときなんですけど、自分が掃除して綺麗になったシンクをゲストに使われて、頭にきちゃったんですよ……」

「あぁ、なるほど!!」

「でも、そのあと、綺麗なシンクを使ってもらって逆に喜ばないとって……」

「そうですよ!!

でも、その気持ちわかりますよ!! みんなそうなりますもんね。いつのまにか作業が中心になってしまって、本当の意味を忘れちゃうんですよね」

「……はい……」

「でも、自分で気がついただけすごいですよ!! 私なんて、先輩に言われるまで気づかなかったですもんね!!

だから、自信をなくさないでください。きっと香取さんだって、本当の意味を知っているんですから!!」

低橋さんは終始笑顔で私を励ましてくれました。それから私は、なにか吹っ切れたように、いつもの自分に戻ることができました。

いま、こうして振り返ってみても、アメニティという掃除の仕事をしたことは、本当の自分と向き合うよい経験となりました。本当の自分の汚さやずるさを知る、よい機会だったのです。

また、自分よりも年下のトレーナーを尊敬した、はじめての経験でした。

このとき、はじめて自分のサービスの限界を知ることができたのです。

3 一人ひとりにそれぞれのストーリーがある

東京ディズニーランドに行くために半年前から貯金を始める

これは私がＳＨＵＵ研究所に入社し、そのまま九州のテーマパークに常駐になって３年ぐらい経った頃のお話です。

常駐先のスタッフはテーマパークの仕事が大好きで、なかでも私が以前勤務していた東京ディズニーランドをお手本に、日々がんばっていました。

そんなある日、そのスタッフ数人から相談を受けることに……。

「ねぇ、香取さん。この仕事をしているんだったら、やっぱり年に１回は東京ディズニーランドに勉強に行かないとダメだよね!!」

「んっ‼　なんでですか？」

「だってぇ、やっぱりあそこって、すごい楽しいし、スタッフの人もやさしくて勉強になるって、みんな言っていたから……」

「うん、そうですよね‼　たまにはゲストとしての体験も必要ですもんね‼　きっと勉強になるし……」

「そしたら、私たちが行くとき一緒に行って、説明とかしてもらえます？」

「もちろんですよ‼　じゃあ、日程が決まったら、はやめに教えてくださいね‼」


そして数日後……。


「あっ、香取さん、日程決まりましたよ‼」

「ほんと‼　いつ行くことにしたんですか？」

「ハイ‼　12月頃がいいよねって‼」

「12月……⁉　まだ半年もあるじゃないっすか」

「だって……。その……」

「……」

「準備とか、あるじゃないですか!!」
「準備……???」
「……ほら、九州から東京まで行くのってお金もかかるし……。私たちには一大イベントなんですよ（笑）」

このときあらためて、遠く離れた九州から東京ディズニーランドに行くことの大変さを実感しました。このスタッフたちがもらっている給料は、東京では考えられないほど少ないもの……。東京ディズニーランドに行くためには、半年前から貯金を始めなければならなかったわけです。

さらに、同じテーマパークで働いているわけですから、休みの調整も大変です。行く日を決定してから上司に相談し、有休が使えないか、休んでいる間のことは大丈夫かなどの手配もしなくてはなりません。

その後、スタッフたちは、いつもは勤務後、週に1回ぐらい、みんなで外食に行っていたのを我慢し、休憩中の飲み物も自分の家からポットに入れて持参するなどの節約を繰り返し、ディズニーランド貯金をしていきました。

入園から帰りの時間ギリギリまで細かくスケジュールが立てられていた

旅行の1か月前のある日のこと……。

「香取さん!! ちょっと相談したいんですけど」
「ハイ!! なんですか?」
「これ、見てくれません?」

スタッフが見せてくれたのは、九州発「東京ディズニーランド1泊2日の旅」のパンフレットでした。

「私たち、自分で東京に行くのははじめてなんですよ。だから、ホテル名だけ書いてあっても、ここでいいのかわからなくて……」
「……なるほど」

私はてっきり、東京ディズニーランドに隣接するオフィシャルホテルに泊まるのかとばかり思っていました。しかし手渡されたパンフレットに載っていたホテルはオフィシャルホテルではなく、パークから電車で30分から1時間の場所にあるものばかり。

「うーん……。どうせ半年前から準備してきたんだからさぁ、オフィシャルホテルのものにしてもいいんじゃないの？」

「私たちも最初は、そのほうがいいかって考えていたんですけど、それだと予算オーバーになってパークでお土産を買ったりできなくなっちゃうんですよ!! 予算的には、このぐらいのホテルでいいかなあって思ったんですけど……。ダメですかねぇ……」

「そっ、そんなことないよ!! ほら、東京は電車もいっぱい走っているから、多少遠くても大丈夫だしね……」

「そうですよね（笑）」

正直、こんなにも九州から東京へ行くことが大変だなんて、思ってもみませんでした。それでも明るく受け答えをするスタッフに一瞬言葉を失いかけてしまう自分が、悔しくてたまらなくなってしまいます。

そして、次にスタッフが取り出したものに、またビックリ。

「じゃあ、今度はこっちも見てもらえます？」

「えっ……なに⁉」

「私たちが考えた行程スケジュールなんですよ」

「これ、つくったの？」

「ハイ‼（笑）」


スタッフがつくった行程スケジュールには、東京ディズニーランドに朝一番で入園してから、どのアトラクションを見て、どのショーを見てと、帰る飛行機の時間ギリギリまで、事細かに予定が書かれていました。


「これ、すごいね‼」

「でしょっ‼　じつは先輩とかから、ここは絶対見たほうがいいとか、こういう写真を撮ってきてとか、いろいろアドバイスをもらって考えたんです‼」

「……なるほど（涙）。うん、これで大丈夫だよ」

「でも……。待ち時間とかあるから、こんなには無理かなあって思って」

「そっか。じゃあ、ちょっと貸して」

私は、以前のカンと経験から、できるだけスタッフが考えたスケジュールに基づき、効率的に回れるように考えたのでした。

期待に胸をふくらませ到着を待ち望むたくさんのゲストたち

そしていよいよ旅行当日……。

朝一番の飛行機に間に合うように、飛行場に集合。そこには、昨日までの勤務の疲れもまったく見せずに、目を輝かせて出発を待つスタッフの姿。

機内に入ると、手には各自用意してきたのか、東京ディズニーランドのことが載っている本や雑誌が。それをみんなで「あーでもない、こーでもない」と楽しそうに回し読みしています。

飛行機が羽田空港に到着し、一行は直通バスの乗り場へ一目散に向かいます。

直通バスのなかには私たちのほかにも、たくさんの遠方から来られたゲストの方たち。「あの憧れのパークに行くんだ」と、期待をふくらませる彼らを見ているうちに、私には、なんともいえぬ緊張感が……。

高速道路を走っていると、バスの窓からパークのシンボルでもあるシンデレラ城が見えてきました。と同時に、バスの車内に歓声があがります。

「香取さん!! あれ、シンデレラ城だよね!! やったぁー!! もうすぐ着くよ!!」

スタッフたちの喜びのテンションとは反対に、私は、これだけの思いをして到着するスタッフたちが本当に楽しむことができるのか、だんだん不安になり、「一緒に来なければよかった」と後悔すら感じ始めていました。

最高の「こんにちは」で迎えてくれ!!

バスはいよいよパークに到着!! バスから降りた私たちは、大きな荷物を抱えながら、いっせいにエントランスへと向かいました。

園外にあるコインロッカーに大きな荷物をしまい、ふたたび改札前に集合。集合したスタッフの姿を見て、私にさらなる緊張が走ります。

彼らの首にはビデオやカメラ、そして手にはメモ帳が握られていたからです。

「香取さん、全員そろったから、なかに入りましょう!! 今日は1日よろしくお願いします!!」

「はっ、はい……」

私は、彼らの姿勢に感動を通り越し、いままでの自分の視察のことを振り返って、なんて情けないいんだろうと反省していました。

しかし、気を取り直してエントランス周辺の説明をし、いよいよ園内へ……。

改札には、私たちを待ち構える東京ディズニーランドのキャストの姿が見えます。

ここにいたるまでの彼らのことを知っている私は、心のなかで、「頼む!! 最高の『こんにちは』で迎えてくれ!!」と強く願いながら、一歩一歩進んでいきました。

「こんにちは!! ようこそ!!」（キャスト）

「あっ、こんにちは!!

香取さん、やっぱりみんなが言っていたとおりですね!! ここのスタッフの人は、すごく明るくて、あたたかく迎えてくれるんですね!! やっぱりすごいよねぇ～」

ほっと胸をなでおろす私……。

その後も、お昼ご飯も早々に切り上げ、アトラクションやショーを体験しようと駆けずりまわる彼らと共に行動しながら、このパークに来るまでの半年間を知っている私は、彼らが対応を受けるたびに、大丈夫かなあ、彼らの期待に応えてくれるかなあという心配から解放されることはありませんでした。

自分のは、また今度にしようかな

そろそろ夕食の時間というときのことです。


「ねぇ、そろそろお腹もすいてきたし、なにか食べましょう!!」

「あぁ、そうですよね。夢中になりすぎて、食事のこと忘れていました（笑）」

「じゃあ、なにか食べたいものあります?」

「……うーん」

「ここにはショーを見ながら食べられるテーブルサービスのレストランもあるんだよ!!」

「……どうしよっか?……」

（みんなで相談）

「香取さん、まだアトラクションも乗りたいし、ハンバーガーにしましょうよ」

「えっ!! でも、昼もハンバーガーだったんじゃない?」

「うーん……。でも、まだ回りたいし……。ねっ!!」

そこで私たちは、昼に引き続きハンバーガーを食べることに。

食事のあと、夜のパレードまで時間が空いたので、パレードの席を取る人とお土産を買う人とに分かれ、交代でショップに行くことになりました。

「わぁ!! 可愛い!! これ、いいよね。これ自分の部屋に飾ろうかなあ!!」

「ねぇ、こっちにもあるよ!!」

そんな会話をしながら、みな商品を手にして喜んでいます。持ちきれないほどのお土産を抱えて……。

「すごいねぇ、そんなに買うんですか?」

「ハイ、これは自分ので、こっちがお母さんでしょ!! これは友だち!! これは……」

「そっか、めったに来られないもんね!!」

楽しく会話しながら、みんなの買い物につきあっていたのですが……。

さっきまであんなにうれしそうに商品を抱えていた彼らの表情が、少しトーンダウンしているのに気づきました。見ていると、一緒に買い物をしていた彼らが固まって、商品の値札を見ながら、なにか話しています。


「……やっぱり、これやめようかなあ」

「えっ、なんで？」

「だって、明日の食事もあるでしょ。だから、自分のは、また今度にしようかなって思って……」

「あぁ、そうだよね。私もそうしようかな……」


そう言って、手にしていた商品を元の場所へ戻し始めたのです。そして、ボールペンや絵葉書を手に取り、お土産をレジに持っていきます。

その光景を見てしまった私は、胸が苦しくてたまりませんでした。

彼らは半年も前から貯金を始め、やっと今日、ここに来たのです。それでも、自分のためのお土産をあきらめなくてはならないなんて……。

目の前にいるゲストは毎日違うんだ

彼らがレジに商品を持っていく姿を見ながら、私がふだん対応するゲストにも、こんなにいろいろなストーリーがあるんだなあと、しみじみと感じます。同時に、もしそのストーリーの一部始終が働いている従業員にもわかったとしたら……。

自分がパークで働いているときのことを思い出すと、大きな責任も感じます。

従業員の私たちは日々同じことの繰り返しなのかもしれませんが、目の前にいるゲストは毎日違います。その一人ひとりに、それぞれのストーリーがあるのです。そして、ゲストが私たち従業員に寄せる期待の重さは私たちの想像以上だと、あらためて考えさせられました。

あのスタッフに同行することで、自分のやっている仕事の素晴らしさと、期待に対する責任の重さを勉強した、よい機会でした。

おわりに

16歳からスタートしたヤンキー上がりの私が、ディズニースピリッツを体得するまでのストーリー、お楽しみいただけたでしょうか?


人は自分の心が満たされると誰かにやさしくしたくなるそうです。

自分を大事にされるからお客さまも大事にしたくなり、自分を大事にしてもらえなければ、お客さまを大事になんてしないんです。


東京ディズニーランド勤務の初日、僕が感動したのはネームタグ（名札）でした。

たかが名札と思うかもしれませんが、その当時、アルバイトで名札があるなんてよいほう。いつ辞めるのかわからないアルバイトですから、テプラテープで張られた名札が常、そんな時代だったからです。

でも東京ディズニーランドのネームタグは、ローマ字で〝KATORI〟と彫ってあったんです。自分のためにワザワザ彫られたネームタグ。もしかしたら初日だけ来て、もう来ないかもしれないアルバイトであるにもかかわらず、一人ひとりに真新しく彫られたネームタグが渡される。衝撃でした。

この経験で、人が喜び感動するのは、手間をかけることだと気づきました。

そして、知り合いのお店で真似してみました。もちろん名前を彫るような立派なものはつくれません……。でも手間はかけられます。

このときは、店長に今日から来る新人の名前を筆文字で、へたくそだけど心を込めて喜んでくれる顔を想像しながら、１００枚書いてもらいました。そのなかから店長にベスト3を選んでもらい、その3枚のなかから新人スタッフにどれがいいか、選んでもらったのです。

新人は迷いながらうれしそうに1枚を選び、ほかの2枚ももらって帰っていきました(^o^)

その新人は、そこまで大事にしてもらったことから、最初から意欲的でした。

自分の働く場所が自分のことを大切にしてくれる。

その想いが届いたとき、自分もがんばろうとするんですね。

私はこれから、東京ディズニーランドで学んだことや卒業してから出逢った人たちから教えてもらったことをベースに、従業員が本気でキラキラして働ける、そんな従業員の満足度が高い組織やチームをつくるお手伝いをしていこうと考えています。

最愛の私の子どもたちに、この本を捧げます。

本当にありがとう‼

2019年5月（香取貴信）

＊＊＊

初版時あとがき

この仕事を通して、いろいろなテーマパークで働く人たちと出会うことができました。これからオープンを迎えるパーク、残念ながら閉園してしまうパーク……。

そこで働く人たちから教わったことは、「続ける理由」を見つけだすことの難しさと、見つけだした人の強さです。

私の場合、なにかを選んではみたものの、うまくいかないときや失敗をしてしまったとき、すぐに「やめる理由」を探してしまいます。「最初からうまくいかないって思っていたし、こっちよりあっちのほうが俺にはあってるし……」と、理由は簡単に見つかります。反対に、なぜ自分はこの仕事を選び、続けているのだろうと考えるとき、理由は、そう簡単には見つかりません……。

私は東京ディズニーランドで、「いつでも笑顔で楽しめる場所」の素晴らしさを体験することができました。

そして、そのような素晴らしい場所が日本中にあったら、いつもみんなが笑顔でいられる、だから「いつでも笑顔でいられる場所」をひとつでも多くつくりたい……と思うようになりました。

これが、この仕事やメールマガジンの発行を続ける理由です。

だって、人生は自分であきらめたときがゲームセットなのだから……。

本書発行に寄せて

（株）SHUU研究所　主任研究員　斉藤茂一

すべてのキッカケは、「その話、メールマガジンにしてみれば？」と友人が言ってくれたことでした。

彼には、たびたび香取くんにまつわる話をしていたのですが、その内容が「マネジメント論とかリーダーシップ論よりわかりやすい」と言うのです。

私にとって香取くんの印象は、「自慢話の多いやつだなあ……」でした。ただ、彼の話をよくよく聞いてみると、自分の自慢ではなく、本書にも登場するような、一緒に働いていた先輩や仲間に関するものばかりで、話を聞くたびに、「へー、なるほどなあ」と感心していました。

また、そんなに尊敬できる人がたくさんいてうらやましい……とも思っていました。

もっとも本人は、東京ディズニーランドで働いていた当時は、いまの半分も周囲の人々の素晴らしさを実感していなかったようで、SHUU研究所に入社し、ほかの施設や企業のお手伝いをするようになってから、その素晴らしさに気づいていったというのが本当のところでしょう。

ところで、香取くんを私に紹介してくれたのは、本書のなかにたびたび登場する、町丸さんでした（これまでも、たいへん素晴らしい人々を紹介してもらいました）。

香取くんを通して、本書に出てきたような人々にお会いすると、世間には、マスコミなどで広く知られていない人々のなかにも、こんなにも素晴らしいトレーナーやリーダーたちがいるんだと、あらためて驚きを感じます。

そして、そういった人たちから私たちは、仕事の面でたいへん大きな影響を受け、また大切なことを教えていただきました。

香取くんの話がメールマガジン「テーマパークが私の学校」となり、今度は『社会人として大切なことはみんなディズニーランドで教わった』という本になりました。

このことは著者である香取くんの気持ちを考えると、かつての厳しくて素晴らしい先輩たちと素敵な仲間たちへの恩返しの意味も含まれていると思います。

また、（株）ＳＨＵＵ研究所としても、創業10周年にあたる２００２年という記念すべき年にこのような内容の本を出版でき、みなさまへの感謝の気持ちでいっぱいです。

（初版発行時にいただいたもの）

著者紹介

香取貴信（かとり・たかのぶ）

1971年、東京都生まれ。もとはヤンキー少年だったが、高校1年のとき（1987年）に東京ディズニーランドでアルバイトを始め、日々の体験のなかで「仕事」「教育」「サービス」の本当の意味をつかみ始める。1992年、「スピリット・オブ・東京ディズニーランド」を受賞。1995年、レジャー施設等の現場運営コンサルティングを行なう（株）SHUU研究所に入社。東京ディズニーランドでの知識と経験を活かし、各地のテーマパークで「来場するすべてのお客様に笑顔と素敵な思い出を」をテーマに活動。2004年4月に独立し、（有）香取感動マネジメントを設立。「感動」をキーワードに活動の場を広げている。著書に『ディズニーランドであった心温まる物語』（監修、あさ出版）、『ディズニーランド最強上司の教え』『社会人として大切なことはみんなディズニーランドで教わったⅡ《熱い気持ち編》』（いずれも、こう書房）、『他の店が泣いて悔しがるサービス』（三笠書房・知的生きかた文庫）、『部下の本気に火をつける情熱のリーダーシップ！』（日本実業出版社）などがある。

●連絡先
有限会社 香取感動マネジメント
URL: https://www.e-storybank.com
MAIL：webmaster@e-storybank.com

【新版《しんぱん》】
社会人《しゃかいじん》として大切《たいせつ》なことは
みんなディズニーランドで教《おそ》わった

〈検印省略〉

2019年 6 月 21 日 第 1 刷発行
2019年 8 月 17 日 第 2 刷発行

著 者――香取 貴信（かとり・たかのぶ）
発行者――佐藤 和夫

発行所――株式会社あさ出版
〒171-0022 東京都豊島区南池袋 2-9-9 第一池袋ホワイトビル 6F
電 話 03 (3983) 3225 (販売)
03 (3983) 3227 (編集)
F A X 03 (3983) 3226
U R L http://www.asa21.com/
E-mail info@asa21.com
振 替 00160-1-720619

印刷・製本 広研印刷（株）
乱丁本・落丁本はお取替え致します。

facebook http://www.facebook.com/asapublishing
twitter http://twitter.com/asapublishing

ISBN978-4-86667-146-8 C2034